못다 핀 꽃.

일본군 성노예제 피해자 할머니들의
끝나지 않은 미술 수업

못다 핀 꽃.

이경신 지음

Humanist

이 책은 1993년부터 1997년까지 5년 동안 일본군 성노예제 피해자 할머니들과 함께했던 미술 수업 이야기다. 할머니들의 그림 속 어눌한 선으로 그려진 꽃들과 얼굴을 가린 채 울고 있는 소녀, 삐뚤빼뚤한 일본 군인들의 모습은 마치 아이들이 그린 것처럼 보이지만 그 안에 숨겨져 있는 영혼의 떨림과 마주하면 쉬이 외면할 수가 없다.

나는 미술 선생으로 할머니들을 처음 만났다. 난생 처음 붓을 잡아본 할머니들이나 미술 선생인 나나 '초짜'였던지라 지름길은 없었으나 다행히 미술 수업은 일상의 소소한 즐거움으로 자리잡아갔다. 하지만 할머니들의 치유될 수 없는 상처들을 직접 목격하고부터, 나는 할머니들이 그림 그리기를 통해 자신의 상처와 마주하길 바랐다. 그러나 그것은 그림을 취미로만 즐기던 할머니들에게 또 다른 고통이었다. 그 시절 나는 무모한 용기로 겁도 없이 할머니들의 깊이를 알 수 없는 고통의 우물 밑 한숨과 눈물을 헤집었다.

　일본군에 의한 집단적 성폭력 피해에 대한 심리적 회복은 지난하고 외로운 자신과의 싸움이었다. 이보다 억울한 일이 있을까마는 할머니들은 떨쳐낼 수 없었던 망설임과 떨림을 이겨내고 긴 세월 동안 감춰두어야 했던 상처들을 종이 위에 부려놓기 시작했다. 그때부터였을까? 할머니들은 상처를 쏟아낸 빈자리에 다른 무엇을 채워 넣었다. 당신들의 인생에서 처음으로 맛보는 뿌듯한 설렘과 흥분, 만족감 같은 자잘한 희망들을 말이다. 그러나 알다시피 고통을 그림으로 그려낸다고 해서 상처가 없었던 때로 돌아갈 수는 없다. 다만 나는 그림을 그리는 일이 외면하던 고통을 마주하고 견딜 수 있는 힘을 기르는 한 방편이 되었음을, 할머니들과의 미술 수업을 통해 확인할 수 있었다. 할머니들은 자신의 상처를 스스로 치유하고 성장하는 자만이 누릴 수 있는 자유를 선물 받은 듯 맑게 빛났다. 나는 이 글을 통해, 아무것도 가진 것 없는 상처투성이의 할머니들이 일본군 성노예제 피해자라는 고통을 딛고서 새로운 삶에 도전하며 생을 마감할 때까지 열정을 불태웠던 순간을 전하고 싶다. 그리하여 이 책을 읽는 독자들이 할머니들의 용기와 마지막 숨결을 생생하게 느낄 수 있기를, 할머니들의 고통을 그려낸 그림들이 독자들의 삶을 위로하고 열정을 불러일으킬 수 있기를 바랄 뿐이다.

20여 년 전의 이야기를 지금에서야 꺼내게 된 것은, 2015년 박근혜 정부의 '한일 위안부 피해자 문제 합의'가 계기가 되었다. 그 소식을 듣고서 가만 있을 수 없을 정도로 분노가 일었다. 그런 마음에서 시작한 일이지만, 할머니들의 그림을 다시 꺼내보고 글과 그림을 덧붙이는 과정에서 함께했던 시간들이 고스란히 되살아나 기쁘기도 하고 울컥하기도 했다.

더불어 그동안 고마움을 전하지 못한 분들이 생각났다. '못다 핀 꽃' 그림모임을 함께했던 김숙진, 최은정, 이주희, 장윤정 님, 미술 수업에 관심을 가져준 나눔의 집과 한국정신대문제대책협의회 관계자 분들, 일본에서 전시를 열어준 대한민국 국회 정신대 대책 의원 모임과 구 일본군에 의한 성적피해여성을 돕는 모임 대표 이즈미 님 외 일본 단체들, 김건희 화가를 비롯한 민족미술협의회 분들 외 한국의 여러 단체, 독일 베를린 전시회를 기획해준 김재희 선생님, 먼 미국에서 응원해준 김병문 선생님 외에 할머니들의 그림을 소개할 수 있도록 도와준 많은 분께 감사드린다. 또 늦게나마 내 안에 묵혀두었던 할머니들과의 감동과 희망의 시간을 책으로 담아준 휴머니스트에도 감사드린다. 역시 가장 고마운 분들은 강덕경, 김순덕, 이용녀, 이용수 할머니다. 특히 돌아가신 강덕경 할머니께 깊은 감사의 마음을 전한다. 할머니들과 함께한 미술 수업은 강 할머니의 열정에 힘입어 한 걸음 한 걸음 앞으로 나아갈 수 있었다. 마지막으로 이 글을 빌려 강덕경, 김순덕, 이용녀 할머니를 비롯해 유명을 달리하신 모든 일본군 성노예제 피해자 할머니들의 명복을 빈다.

2018년 7월

이경신

차례

책을 펴내며

일러두기

• 그동안 한국사회에서는 일본군 성노예제 문제를 정신대 문제, 종군 위안부 문제, 위안부 문제, 일본군 '위안부' 문제 등으로 칭해왔다. 그러나 이 문제가 일본군의 제도적·조직적 범죄임을 명확히 드러내기 위해 국제기구 및 국내외 사회단체들을 중심으로 '일본군 성노예제 문제'라는 용어를 공식적으로 사용 하게 되었다. 이 책에서도 이러한 입장을 따라 일본군 성노예제 문제, 일본군 성노예제 피해자라고 표 기했다. 단, 일본에서는 위안부라는 용어를 사용하고 있어 일본어를 한국어를 옮기는 경우에만 위안부 라고 표기했다.

우연

    내가 할머니들을 처음 만난 것은 1993년 2월 중순이다. 그때 나는 미대를 막 졸업한 참이었다. 그리고 그 또래의 청춘들이 다들 그렇듯이, 나도 내 삶의 의미를 찾아 서성였다.

할머니들을 만나기 일주일 전, 나는 작업실에서 밤새 그림을 그리고 있었다. 전시회가 얼마 남지 않아 마음이 바빴던 탓에, 며칠째 밤낮을 잊고 시간을 보내던 중이었다. 침침한 형광등 불빛 아래에서 어둠과 싸우며 캔버스에 붓질을 하다가, 피곤한 몸을 잠시 쉴 겸 커피 탈 물을 올렸다. 난로 위 주전자에서 피어오르는 뜨거운 김이 얼굴에 닿으니 갑자기 피로가 물밀듯 밀려왔다. 어느덧 날이 밝았는지, 라디오에서 새 아침을 희망차게 알려주었다. 소파 깊숙이 몸을 파묻었다. 프로그램 진행자인 가수 유열 씨의 다정한 중저음이 커피 향과 함께 추운 겨울 아침을 위로해주었다. 뜨거운 커피 한 모금을 마시니, 몸이 따뜻해지면서 금세 정신이 몽롱해졌다. 카페인과 졸음의 대결을 지켜보던 나는 얼마 지나지 않아 졸음의 승리를 인정하듯 고개를 까닥이고 있었다.

그때였다. 일본군 성노예제 피해자들이 모여 사는 나눔의 집*에서 자원봉사할 사람을 찾는다는 방송이 라디오에서 흘러나왔다. 어려운 세월을 사느라 한글을 깨치지 못한 분들에게 한글을 가르칠 선생님을 찾는다는 것이었다.

그 말은 졸던 나를 깨워 2년 전 8월 15일의 아침으로 데리고 갔다. 그날 나는 여느 날처럼 신문을 보며 학교 계단을 오르고 있었

짓밟힌 17세 "

... 니 눈물의 폭로

다. 거기서 한 여성을 보았다. 자신이 일본군 성노예제 피해자임
을 최초로 증언한 김학순● 할머니였다. 정대협●이 주최한 기자회
견을 다룬 기사에 소개된 할머니의 사연은 그때껏 내가 듣도 보
도 못한 이야기였다. 김학순 할머니는 열일곱 살 되던 해에 가족
의 생계를 위해 중국으로 가다가 일본군에 붙잡혀 무작정 끌려갔
다고 했다. 그리고 일본 군인들에게 지속적으로 성폭행을 당했다
는 믿기 어려운 이야기였다. 당시 일본군 성노예제 피해자를 부르

던 '위안부'라는 말도 생전 처음 들어보는 생소한 용어였다. 그 이야기가 김학순 할머니 혼자만의 사연이 아니며, 통계를 내기 어려울 정도로 많은 여성이 그렇게 잡혀갔을 거라는 추측에 더욱 놀라지 않을 수 없었다. 나는 신문에 난 사진 속 할머니의 얼굴을 찬찬히 들여다보았다. 흑백의 점들이 신문지 위에 만들어낸 김학순 할머니의 얼굴은 단정하고 곱게 나이 든 여성의 모습이었다. 눈빛에서는 그동안 스스로를 감추며 고단하게 살아온 삶을 엿볼 수 있었다. 일본군 성노예제 피해자라고 증언하는 순간 받게 될 온갖 관심과 억측에도 불구하고 세상을 향해 당찬 눈빛으로 나선 할머니의 용기에 나는 감동했다. 그러나 시간이 흐르면서 바쁜 일상에 쫓겨 그 일은 서서히 잊혀갔다.

그러는 사이 나는 미대를 졸업했고, 학교라는 울타리를 벗어나 아르바이트를 해서 번 돈으로 전시와 생활을 이어갔다. 고흐와 같은 가난한 예술가의 삶을 선택한 이십 대였지만, 미래에 대한 기대와 희망이 있어 견딜 만했다. 같은 처지의 친구들과 세상살이의 막막함을 서로 위로하며 그런대로 보람 있는 삶을 꾸려갔다. 그러나 소속감이 없어서인지 마음이 조금 공허한 상태였다. 그런데 그날 라디오에서 흘러나온 목소리가 나를 흔들어 깨웠다. 그 목소리에 2년 전 신문에서 본 김학순 할머니의 눈빛이 떠올랐고, 그 눈빛에 붙들린 나는 라디오에서 흘러나온 목소리를 외면할 수 없었다. 김학순 할머니 같은 일본군 성노예제 피해자 할머니들이 어려움을 겪고 있다며 나를 콕 집어 도와달라고 이야기하는 것 같았다. 마음이 다급해진 나는 일단 급한 대로 전화번호를 적었다. 그러고는 하루 이틀 동안 전화기를 들고 망설였다.

돌이켜 생각해보면 졸업 후 내가 느낀 공허함은 꽤나 컸던 듯하다. 1987년부터 1991년까지 대학생활을 한 나는 스스로 이 사회에 두 발을 딛고 서서 행동하는 인간으로 살아야 한다는 무언의 압력을 받고 있었다. 하지만 정신을 차려보니, 제대로 한 일도 없이 삶의 무대에서 밀려나 지하 작업실로 내몰려 있었다. 대학은 졸업했지만 무직 신세였고, 원하는 그림을 계속 그리려면 다른 일을 해서 밥벌이를 하고 그림 작업에 필요한 경비를 마련해야 했다. 아무런 연습도 없이 세상과 동떨어져, 지하실 구석에서 실체 없는 그림자와 싸우는 것 같았다. 사회인으로서 뿌리를 내리기는 고사하고 제대로 서 있지도 못하는 '화가 인생'의 출발점 앞에서, 나는 누구에게 한 방 얻어맞기라도 한 듯 괜히 심통이 나 있었다. 그러면서도 대학을 갓 졸업한 얼뜨기 사회 초년생으로서 이 사회에 쓸모 있는 일원으로 존재하고 싶은 달뜬 마음이 관성처럼 남아 있을 때였다. 어쩌면 뭔가에 뛰어들 구실을 찾고 있었는지도 몰랐다.

인생의 의미를 찾아 헤매이던 나는, 일본군 성노예제 피해자 할머니들을 만나는 것이야말로 인생의 본질을 대면하는 것이라고 스스로에게 의미를 부여했다. 그리하여 내 심장이 콩닥거리는 소리를 들으며 전화기를 들고 전화번호를 눌렀다.

눈빛

봄을 시샘하듯 2월의 마지막 추위가 몰아쳤다. 차가운 바람이 꽁꽁 싸맨 목덜미의 틈을 한사코 파고들었다. 버스에서 내려 주소가 적힌 종이를 들고 서교동 주택가로 들어섰다. 추운 날씨 때문인지 골목은 적막했다. 대문들이 모두 굳게 닫혀 있고 멀리서 개 짖는 소리만 들려올 뿐, 오가는 사람들은 보이지 않았다. 한길만 건너면 얼마 전까지 다니던 학교 앞이지만, 청기와 주유소 아래쪽의 이 길은 한 번도 다녀본 적이 없었다. 낯선 길을 혼자 헤매는 것은 익숙지 않은 일이었다. 그동안은 무슨 일이든 늘 친구들과 상의하며 함께 어울려 지냈다. 그러나 대학을 졸업하고 각자 자신의 길을 찾아 뿔뿔이 흩어진 후, 나는 홀로 남은 어린아이처럼 외로움을 탔다. 그리고 정말로 어린아이가 된 양, 종이에 적힌 집을 찾지 못하고 동네를 헤매고 있었다. 아마 그때 내가 느낀 감정은 처음 가본 동네의 낯섦보다는 어른으로서의 독립이 내포하는 숙명적 외로움과 불안이었을 것이다.

골목 중간쯤을 지날 때, 아담한 이층집이 눈에 들어왔다. 예상대로 주소에 적혀 있는 그 집이었다. 심호흡을 하고 초인종을 눌렀다. 검정에 가까운 짙은 초록색 대문이 찌-이잉 하는 강렬한 전자음을 내며 덜컹 하고 열렸다. 그 생경한 소리에, 그러잖아도 잔뜩 긴장해 있던 내 심장이 내려앉았다. 나는 초록색 문의 사자 머리 장식물에 달린 동그란 손잡이를 잡고, 내가 알지 못하는 세계로 연결된 그 문을 조심스레 밀었다. 그리고 어떤 일이 벌어질지 예상도 못한 채 할머니들을 만나게 되었다.

성격이 털털하고 걸걸한 이용녀 할머니, 젊었을 적 참 미인이었을 것 같은 날씬한 김순덕 할머니, 좀 퉁명스럽게 보이지만 재치 있는 말을 한마디씩 던지는 키 큰 박두리 할머니, 온화한 미소를 머금고 있는 박옥련 할머니, 얌전하고 깔끔한 손판임 할머니, 조용한 몸짓에 말수가 유난히 적은 강덕경 할머니가 모여 계셨다. 할머니들과 인사를 하고, 날씨 이야기를 멋쩍게 하고, 건강은 어떤지 여쭈었다. 생각보다 밝은 할머니들의 첫인상이 매우 신선

하게 다가왔다. 그때까지 나는 상처가 깊은 사람은 항상 우울할 거라는 편견에 사로잡혀 있었다. 일본군 성노예라는 참혹한 일을 겪은 분들이라면 더욱더 그럴 거라고 상상했다. 그도 그럴 것이, 내 고민의 깊이는 할머니들의 안타까운 삶에 대해 고작 며칠 생각한 것이 전부였다. 활자를 통해 접한 일본군 성노예제 피해자들의 삶을 혼자서 추측하며 마음껏 할머니들을 동정하고 염려했던 것이다.

반면, 할머니들은 1992년 10월 나눔의 집이 생긴 이래 4개월 동안 여러 방문객을 만나온 덕분에 낯선 사람을 만나는 일에 나름대로 익숙해진 것 같았다. 부지런한 김순덕 할머니가 손님을 대접한다며 부엌과 거실을 계속 바쁘게 왔다 갔다 했다. 결국 내가 할머니들에게 대접을 받는 어색한 상황이 되었다. 서로 역할이 바뀐 듯해 마음이 불편해졌다. 나는 어정쩡한 태도로 나도 모르게 할머니들을 살피며 무엇인가를 찾고 있었다. 아마도 처음 신문에서 본 김학순 할머니의 눈빛 같은 강렬한 무언가를 찾았던 것 같다. 하지만 할머니들의 모습은 김학순 할머니와는 사뭇 달랐다. 과거의 상처는 어딘가에 꽁꽁 숨겨놓은 듯, 평온하게 일상을 살아가는 평범한 할머니들로 보였다.

그러다 한 분의 눈빛에 딱 걸려들었다. 강덕경 할머니였다. 강 할머니는 한쪽 무릎에 어깨를 기댄 채 몸을 한껏 웅크리고 앉아 있었다. 밝고 큰 갈색 눈에는 조금 긴장하고 놀란 듯 어색한 기운이 감돌았다. 그래서인지 이 세상에 존재하는 것을 미안해하는 듯한 인상을 주었다. 얼굴을 살짝 오른쪽으로 기울이며 웃을 듯 말 듯 엷은 미소를 띠었지만, 어쩐지 눈 속에 과거의 비밀을 간직하고 있는 듯했다. 강 할머니는 새로 온 한글 선생님들을 살피며 긴장한 눈빛으로 조심스레 거리를 두고 있었다. 그러다 자신을 살피는 시선을 느꼈는지, 내 눈길을 정면으로 막아냈다. 나는 당황해서 급하게 눈길을 거두며 괜히 방 안을 한 바퀴 휘 돌아보았다. 강 할머니는 확실하게 선을 긋고 있었다.

멋쩍은 시간이 흘렀다. 며칠 동안 고민한 끝에 내 나름대로 할머니들에게 작은 도움이라도 될까 싶어 달려왔지만, 막상 할머니들을 대면하고 서너 마디 인사말을 건네고 나니 말문이 막혀버렸다. 할머니들에게 어떻게 위로를 건네야 할지 전혀 알 수가 없었다. 준비해온 대화는 이미 바닥난 지 오래고, 어색한 침묵을 메우기 위해 나는 머릿속에서 질문을 만들어내느라 바빴다. 침묵의 시간이 길어질수록 얼굴이 점점 달아올랐다. 그 연세의 어른들과 교

류가 적었던 나로서는 대화의 물꼬를 찾는 것도 쉽지 않았다. 더구나 보통 할머니들도 아닌 상처를 지닌 할머니들이라 생각하니, 어떻게 대해야 할지 몰라 더욱 어려웠다. 고통 속에 살아온 할머니들의 삶을 생각하면 그 앞에서 웃는 것조차 불경스럽게 생각될 정도로 나 혼자 생각이 무거웠다. 상상했던 것과 달리, 직접 할머니들을 만나보니 내가 이분들을 감당할 수 있을지 가늠이 되지 않았다. 첫 만남의 설렘은 얼마 지나지 않아 작은 후회로 이어졌다. 나는 몸에 맞지 않는 옷을 입고 있는 듯 어색한 기분이 들었다. 여러 가지 의미를 부여하며 여기까지 왔건만, 대화 한마디 제대로 하지 못하는 스스로에게 실망해 과연 한글 수업을 할 수 있을지 고민이 되었다. 내 인내심이 얼마나 지속될지도 의심스러웠다. 누군가를 돕겠다는 소녀 같은 순진함과 막연한 감수성을 넘어서는 책임감이 과연 나에게 있는지 따져볼 일이었다. 한마디로 말해, 스스로 결정한 일을 앞에 두고 주춤주춤 뒷걸음치려 하고 있었다.

첫 만남 이후 할머니들 생각이 머릿속에서 떠나지 않았지만, 시간이 흐를수록 자신감이 사라졌다. 한글 선생님이라면 다른 분들도 있으니, 꼭 내가 아니어도 될 거라는 핑계를 생각해냈다. 그러나 한글 선생님을 하겠다고 찾아가 인사까지 해놓고 이제 와서 못하겠다고 하기에는 할머니들에게 죄송하고 나 스스로에게도 민망한 일이라, 내가 할 수 있는 좀 더 의미 있는 일을 떠올려보았다. 할머니들이 그림을 그리면 어떨까 하는 생각이 불현듯 떠올랐다. 그림을 매개로 할머니들과 만난다면, 무거운 마음을 내려놓고 지속적으로 해나갈 수 있을 것 같았다. 지금 생각해도 우스운 일이지만, 할머니들과의 미술 수업은 이렇듯 내 긴장감을 덜어내려는 방편으로 시작되었다.

떨리는 손

이른 봄, 새로운 계절에 맞추어 할머니들의 첫 미술 수업이 열렸다. 나름대로 수업 준비도 하고 필요한 물품들도 챙기며 앞으로의 미술 수업에 대한 구상으로 마음이 바빴다. 미술용품을 두 손 가득 들고 서교동으로 향했다. 투명한 햇살이 내리비치는 골목길은 낯설기만 했던 2월의 추운 골목과는 전혀 다른 공간처럼 느껴졌다. 아마도 새로운 관계에 대한 기대가 마음을 더욱 부풀게 했던 것 같다. 나눔의 집 문을 힘차게 열고 들어갔다. 그러나 집 안은 매우 조용했다. 미술 수업에 대해 전혀 모른다는 듯 할머니들은 각자의 방에서 나오지 않았다. 나눔의 집에 사는 총 일곱 분 중 적어도 다섯 분은 수업에 참여하실 거라 예상했지만, 미술 수업에 참여하기로 했던 할머니들은 아직 마음의 준비가 되지 않은 모양

이었다.

"이 나이에 뭔 그림이여."

"늙어서 낼모레면 죽을 판에 이기 무슨 호사고."

"치아라~ 머리 아프다."

이렇게 저마다 한마디씩 하신다. 할머니들로서는 갑작스러운 한글 공부에 미술 수업까지 받으려니 부담이 되었던 모양이다. 그래도 낑낑대며 미술용품을 들고 온 선생이 조금 불쌍해 보였는지, 마지못해 김순덕, 이용녀, 강덕경 할머니, 이렇게 세 분이 나오셨다. 우리는 2층 거실에 모여 앉았다. 어색한 공기가 흘렀다. 쌀쌀

한 냉기를 거둬낸 햇빛이 유리창을 통해 거실 안을 부드럽게 비추며 할머니들의 은빛 파마머리에 잔물결을 일으켰다. 나는 심호흡을 한 번 크게 하고 미술용품을 하나씩 나누어드렸다. 연필, 지우개, 색연필…… 알록달록 색동의 화려한 물건들이 밥상 위에서 소란스러웠다. 나는 할머니들 앞에 놓인 미술용품을 보며 할머니들과 그림이라는 낯선 만남에 다시 한 번 신선한 기대를 걸었다. 그러나 나와 달리, 할머니들의 표정은 창밖의 새침한 봄 날씨를 더 닮아 있었다. 미술용품을 받아든 할머니들은 처음 갖게 된 물건에 대한 기쁨이나 호기심보다는 탐탁지 않은 마음을 감추지 않고 얼굴 표정에 드러냈다. 한마디로 모두 시큰둥했다. 나는 당황했다. 일주일 동안 고민한 끝에 완벽한 결론을 끌어냈다고 생각하고 할머니들과 미술 수업을 하며 관계를 지속하길 바랐지만, 그 기대가 무참히 깨지는 듯했다. 생각해보니 나는 미술 수업의 주체인 할머니들의 의사와는 상관없이 며칠 동안 나 혼자 마음대로 상상의 나래를 펼친 셈이었다.

못다 핀 꽃

그나마 그 자리에 모인 할머니들은 손님 대접을 하러 나온 마음 약한 할머니들이었다. 그렇긴 하지만, 손녀뻘 되는 미술 선생이 자신들에게 대체 무얼 하자는 것인지 묻고 싶은 기색이 역력했다. 의심스러워하는 여섯 개의 눈동자가 모두 내 얼굴만 바라보고 있었다. 오늘 한 번의 수업으로 미술 수업의 운명이 결정 날 수 있었다. 나는 불안한 마음을 할머니들에게 들키지 않으려고 더욱 태연한 척하며 첫 수업을 시작했다.

먼저 하얀 도화지를 펼쳐 보여주면서 어떤 느낌이 드는지 물었다. 할머니 한 분이 겁이 난다고 했다.

"그렇죠? 많은 사람이 새하얀 도화지를 처음 대하면 겁을 내요. 작은 도화지가 커다란 운동장처럼 넓게만 보이지요? 그럼 우리 그 두려움을 없애기 위해 흰 도화지를 망쳐볼까요?"

이 말에 할머니들은 당황하는 기색이었다.

"굵은 선, 가는 선, 점, 동그라미, 세모, 네모, 어떤 것도 괜찮아요. 애들처럼 낙서를 한다고 생각하고 한번 해보세요."

할머니들이 손에 붓을 쥐고 조심스럽게 선을 그었다. 도화지에 그려진 선도 할머니들처럼 수줍어 보였다.

"이제 선을 좀 빠르게 그어볼까요? 색칠도 괜찮고, 꾹꾹 점을

찍어도 되고요."

할머니들은 옆 사람의 도화지를 살피며 아까보다는 빠르게 서로를 따라 했다.

"아이고, 아까워라~ 아까워."

김순덕 할머니는 그림을 그리는 내내 종이가 아깝다고 했다. 못쓰는 종이 쪼가리도 귀하게 여기던 시절을 살아온 분들이라 더욱 그랬을 것이다. 미술 선생으로서 나의 의도는 우선 할머니들이 도화지 한 장을 자유롭게 망쳐보는 것이었다. 그러나 할머니들에게는 일부러 망치는 것도 어려웠다.

"이번엔 사인을 만들어볼 거예요. 그림을 완성하면 날짜를 적고 작가 사인을 하잖아요. 일단 연필로 이름을 써볼까요?"

할머니들이 이름을 쓰기 시작했다. 그런데 이름 석 자 쓰는 데 시간이 꽤 걸렸다. 처음에는 할머니들이 연세가 많아 손이 떨려서 그런 줄로만 알았다. 잠시 후 나는 강덕경 할머니를 제외하고 다른 할머니들은 자신의 이름을 쓰는 것조차 쉽지 않다는 사실을 알아차렸다. 활달한 이용녀 할머니가 힘없는 목소리로 한글을 잘 못 쓴다고 실토했다. 그제서야 내가 할머니들에게 한글을 가르치기 위해 나눔의 집을 처음 찾았다는 사실이 생각났다.

"이제 그림 그릴 때마다 이름을 쓸 테니까 걱정 마세요. 자꾸 써보면 금세 잘 쓰실 수 있어요."

할머니들은 자기 몫의 미술용품을 갖는 것도, 하얀 도화지 위에 선을 그리는 것도 난생처음 경험하는 일이라 막막해했지만, 그분들을 가르쳐야 하는 내 입장도 할머니들과 별반 다르지 않았다. 할머니들이 그려놓은 도화지를 보니 그림을 그리려면 일단 선긋기 같은 기초적인 데생을 먼저 해야겠다는 생각이 들었다. 나는 본격적인 수업에 들어가기 위해, 주변에 보이는 가장 단순한 사물을 골라 상 위에 올려놓았다.

"자, 이제 그림을 그려볼까요? 여기 있는 잔을 그려보세요."

강덕경 할머니가 그림을 그리려다가 돋보기를 찾아나섰다. 그러자 다른 할머니들도 "아이고, 다리야. 내 안경도 가져와야지", "나는 물 한잔 해야겠어" 하며 모두 따라 일어섰다. 한 번씩 몸을 움직일 때마다 힘겨워하는 모습을 보면서 할머니들의 연세를 새삼 확인하게 되었다. 그리고 내가 생각보다 어려운 일을 시작했다는 것을, 할머니들의 속도에 맞춰 내가 변해야 한다는 것을 느꼈다.

다시 수업이 시작되었다. 같은 대상을 처음에는 설명 없이 그냥

그리고, 그다음에는 한참 관찰한 뒤 그
려보게 했다. 그리고서는 그림을 서
로 비교해보라고 했다. 두 그림이
확연히 다르다는 것을 느낀 할
머니들이 관심을 보이기 시작
했다. 관찰을 잘하면 그림을
잘 그릴 수 있다는 설명에,
할머니들은 입으로는 툴툴
거리면서도 선생님 말씀을 잘
듣는 초등학생들처럼 잘 따라
하려고 애썼다.

"참~ 나 원~."

"아이고, 눈물이 다 날라고 하네."

할머니들은 대상을 뚫어져라 바라보며 진지하게 그리기 시작
했다. 컵, 찻잔, 병……. 시간이 흐를수록 할머니들은 집중했다. 그
림을 그린 후엔 다른 사람의 그림을 보며 서로 평가했다.

"그기 뭘 그린 거고?"

"야~ 웃긴다."

"병이 와 짜부라졌노?"

할머니들은 서로 놀리며 소녀들처럼 깔깔거렸다. 마치 만화영화에 나오는 착한 마녀가 마술봉을 들고 나타나 금가루를 뿌리며 마법을 부려놓은 것 같았다. 마녀의 주문에, 의심이 가득 담겼던 할머니들의 눈은 단박에 사랑스러운 반달눈으로 바뀌었다. 주름진 얼굴에 사춘기 소녀의 발그레한 웃는 얼굴이 겹쳤다. 우리는 모두 과거로, 할머니들이 상처 받기 진 소학교의 즐거운 미술 시간으로 돌아갔다.

그 순간 꽉 묶여 있던 매듭이 조금 풀리는 것 같았다. 방금 전까지만 해도 절망적이었던 상황이 순식간에 바뀌어 희망의 공기가 거실 안을 가득 채웠다. 조마조마했던 마음이 그제야 놓였다. 무엇을 어떻게 해야 할지 희미하게나마 보이는 듯했다. 사실 미술 수업을 하기로 혼자 결정한 후 계속 걱정하고 있었다. 연세 많고 상처를 가진 분들과 하는 수업은 처음이었기에, 수업을 어떻게 이끌어가야 할지 고민이 많았다. 그런데 할머니들이 웃는 것을 보니, 어떻게 하면 될지 감이 잡혔다. 학교를 제대로 다녀본 적 없는 나이 든 소녀들에게 마치 학교를 다니는 듯 평범한 일상부터 채워주는 것, 다시 학생이 되어 재잘대며 그림 그리는 기쁨을 느낄 수 있게 하는 것이 수업의 목표가 되었다.

　첫 수업을 통해 나와 할머니 학생들 모두 수업에 대한 마음의
부담을 줄이고 나니 조금은 자연스러워졌다. 수업에 참여하는 할
머니가 한 분이라도 있으면 즐겁게 그림을 그렸고, 그림을 그리기
싫은 날엔 할머니들과 맛있는 음식을 해 먹으며 놀다 왔다. 그렇
게 미술 수업은 거북이처럼 느리지만 쉼 없이 진행되었다.

시험관계

처음 몇 달 동안 미술 수업은 그야말로 할머니들과의 시험관계였다. 할머니들이 미술 선생을 신뢰할 수 있을지 없을지 결정하는 중요한 시간이었다. 다행히 나는 첫날부터 어리숙한 모습으로 할머니들에게 동정표를 얻은 것 같았다. 그러나 할머니들은 수업이 있다는 사실을 자주 잊어버리곤 했다. 그때마다 미술 선생이 그림 그리자는 말도 못하고 무작정 기다리는 것을 몇 번 본 할머니들은 그것이 안돼 보였는지 다음부터는 수업 시간을 잊지 않으려고 노력했다. 가끔은 내가 할머니들을 도와드리러 온 것이 아니라, 할머니들이 나를 동정해서 미술 수업에 참여하는 것 같은 기분이 들기도 했다. 이유야 어찌 되었든, 다행히 미술 수업은 서서히 자리를 잡아갔다.

못다 핀 꽃

미술 수업 초기에 목표는 기본적인 데생 능력을 키우고 주변 환경에 시각적 관심을 가지는 것이었다. 데생 대상도 주변에서 쉽게 볼 수 있는 사물과 인물로 정했다. 할머니들의 데생 실력이 나아지지 않으면 무엇을 표현한다는 것이 어려워 보였다. 나는 할머니들의 관찰력과 표현력을 높이기 위해 사소한 것부터 시작해 여러 방법을 동원했다.

하루는 나눔의 집에 도착하니 할머니들이 콩나물을 다듬고 있었다. 나는 그것을 한 움큼만 달라고 해서 유리컵에 담아 햇빛이 잘 드는 거실에 두었다. "제가 다음에 올 때까지 물을 잘 갈아 주셔야 해요"라고 숙제를 내자, 다음 시간에 "아이고, 콩나물을 먹을 줄만 알았지, 이렇게 새파랗게 잎이 돋아날 줄은 몰랐네?" 하는 감동적인 대답을 들려주셨다. 그날 우리는 새롭게 발견한 콩나물의 모습을 그렸다. 엄지손가락 하나, 꽃 한 송이처럼 단순하고 주변에

김순덕 1993 2.25

서 쉽게 볼 수 있는 사물부터 그리기 시작했지만, 할머니들에게는
결코 만만한 일이 아니었다. 집중력과 관찰력뿐 아니라 인내심을
갖고 꾸준히 그려야만 실력이 쌓이고, 의미 없을 것 같은 허튼 선
들을 무수히 그리고 나서야 한발 한발 앞으로 나아갈 수 있었다.
그러므로 평균 나이 70세의 할머니들이 언제든 그만둔다 해도 이
상한 일은 아니었다.

　예상대로 첫 번째 낙오자가 생겼다. 처음부터 출석률이 좋지
않던 박두리 할머니가 결국 미술 수업을 포기했다. 박 할머니는
그림 그리는 데 관심이 없었지만 그동안 분위기에 휩쓸려 어쩔
수 없이 몇 번 참여했는데, 마침내 한계점에 다다랐는지, "나는
못 기린다. 나한테 이런 거 하라 카지 마라" 하면서 울먹였다. 괜
스레 할머니에게 미안해졌다. 어떤 일이든 취미가 되기까지는 시
간을 들이는 것은 물론이고 흥미를 잃지 않아야 하므로, 나는 할
머니들이 지치지 않도록 수업의 흥미와 난이도에 더욱 신경을 써
야 했다.

　자화상을 그리는 날이었다. 나는 할머니들에게 거울을 하나씩
나누어드렸다. 무슨 수업을 할지 말을 안 해도 이미 거울 하나만
으로 활기가 돌았다.

"쭈글쭈글 못생깃네~. 주름만 한가득이여~"

"오래도 살았다. 인자 죽어야제."

할머니들이 거울에 비친 자신들의 얼굴을 보며 이런저런 평을 내놨다.

"할머니, 이 세상에서 3대 거짓말이 뭔지 아세요?"

"처녀 시집 안 간다는 소리하고 장사꾼들 장사 밑진다는 소리지!"

먼저 답을 맞히고 싶었던 이용녀 할머니가 신이 나서 재빨리 대답하셨다.

"그럼 나머지 하나는요?"

"우리 같은 할마시들이 일찍 죽어야 한다고 하는 소리지."

김순덕 할머니가 쾌활하게 대답했다. 그러니까 지금 할머니들은 거짓말을 하고 계시는 거라고 내가 말하자, 두 할머니가 그 말이 맞다며 따라 웃었다. 말을 아끼며 듣고만 있던 강덕경 할머니도 피식 웃었다. 강 할머니는 아직까지도 마음의 경계를 풀지 못한 듯, 조용히 듣기만 하고 대화에 동참하지는 않았다.

"자, 이제 수업을 시작할 건데요, 우선 거울을 보고 내 얼굴의 특징을 잘 살펴보세요. 눈, 코, 입이 어떻게 생겼는지."

할머니들은 자신들의 얼굴을 자세히 들여다보는 것을 상당히 어색해했다.

"다 보셨으면 이제 제일 예쁘게 한번 웃어볼까요?"

내가 이렇게 말하자 거실에 또 한바탕 웃음꽃이 피어났다. 할머니들이 웃으니 거울 속 할머니들도 따라 웃었다. 할머니들은 눈꼬리에 웃음을 매단 채 자화상을 그리기 시작했다.

그림 그릴 때는 선을 긋는 속도나 연필을 누르는 힘의 세기 또는 화면에서 차지하는 그림의 크기에 따라 사람의 성격이 그대로 나타난다. 강덕경 할머니는 매사에 진지한 성격답게 조심스럽고 꼼꼼하고 성실하게 선을 그었다. 김순덕 할머니는 틀릴까봐 겁을 내는 소심한 면이 있는 데다 고령으로 손이 떨려서, 선이 흐리고 자신 없이 흔들렸다. 이용녀 할머니는 과감하고 괄괄한 성격답게 쉽고 시원스럽게 선을 쓰고 화면을 크게 활용했다. 그림은 할머니들의 성격과 꼭 닮아 있었다.

그런데 거울을 보며 그림을 그리는 방식은 사실 조금 애매했다. 할머니들이 손거울을 들고 그림을 그렸기 때문에, 그러잖아도 힘이 없는 손이 자꾸 떨리는 데다, 거울을 들여다볼 때마다 각도가 약간씩 달라졌다. 자화상은 자기 자신을 들여다본다는 의미에서 매우 중요한 수업이었다. 그래서 사진을 찍어 그것을 보고 그리게 하고 싶었지만, 그동안 지켜본 결과 할머니들은 사진 찍히는 것을 매우 꺼리는 것 같았다. 그래서 사진 찍자는 말을 꺼내기가 조심스러웠다. 증언을 하고 모여 살기 시작할 때부터 할머니들은 이미 개인적 삶은 포기한 셈이었다. 하지만 자신이 겪은 일을 증언하는 것과 개인적으로 얼굴이 알려지는 것은 별개의 일이었다. 일본군 성노예였다는 사실은 죽을 때까지 감추고 싶었던 남부끄러운 일인 만큼, 할머니들은 사진 찍히는 일에 매우 예민하게 반응했다. 가족이 있는 경우는 특히 더했다. 그런데 뜻밖에도 사진은 할머니들과 좀 더 가까워지는 계기가 되었다.

다음 수업 시간에 나는 몇 차례 망설이다가 그림 그릴 때 쓸 거라고 말하며 할머니들께 사진을 찍어드리겠다고 했다. 처음에 할머니들은 별 반응 없이 그냥 듣고만 계셨다. 나는 준비해간 카메라에 필름을 갈아 끼우며 사진 찍을 준비를 하느라 분주했다. 그런데 잠시 후, 그림을 그리지 않는 할머니들까지 모두 거실에 모여 사진을 찍어달라고 부탁했다. 예상치 못한 반응이었다. 알고 보니 할머니 한 분이 이 사진을 영정 사진으로 쓸 거라며 자랑했다는 것이다. 그래서 미술 수업은 갑자기 영정 사진을 찍는 시간으로 바뀌었다.

"옷을 좀 갈아입고 찍어야지 안컸어?"

옷매무새에 생각이 미친 김순덕 할머니가 이렇게 이야기하자, 똑똑한 생각을 해냈다고 맞장구치고는 다들 방으로 들어갔다. 잠시 후, 곱게 차려입은 할머니들이 차례대로 사진을 찍었다. 신이 난 할머니들이 표정을 잘 지어보라는 둥 왁자지껄 서로 조언을 하느라 거실이 소란스러웠다. 거실에서 나는 웃음소리를 들었는지, 미술 수업을 포기했던 박두리 할머니도 고운 보라색 옷을 입고 나와 겸연쩍은 얼굴로 멀찍이서 구경을 했다. 먼저 나와 있던 할머니들이 사진을 다 찍은 다음, 마지막으로 박두리 할머니가 카메라

앞에 섰다. 이렇게 사진 한 장으로 할머니들과의 거리가 훨씬 가까워진 것을 느꼈다.

나는 할머니들의 사진을 골라, 관찰력을 높이기 위한 방법으로 거꾸로 그리기* 수업을 시도했다. 할머니들의 수준에 맞춰 가장 단순하게 진행했다.

"미술 선생이 웃긴다. 지난번엔 보지 말고 그리라더니, 이번엔 똑바로 그리는 것도 어려운데 뒤집어놓고 그리라고? 참 나, 소가 웃을 노릇이네."

김순덕 할머니가 어이없다는 듯 한마디 하셨다. 강덕경 할머니는 고개를 숙이고 아무 말 없이 그림에 열중했다.

"네, 제가 좀 웃기죠? 그런데 하다 보면 똑바로 그리는 것보다 더 잘 그려져요."

잠시 쉬는 시간에 강덕경 할머니가 거실 창가로 가서 앉았다. 할머니는 담배를 꺼내 입에 물고 한 모금 깊이 빨아들였다가 연기를 내뱉었다. 다른 할머니들에 비해 자신이 느끼는 감정을 바로 표현하지 않고 마음에 담아놓는 성격이었기에, 강 할머니의 말없이 무표정한 얼굴은 나의 상상력을 자극했다. 담배연기와 함께 깊은 숨을 내쉬는 할머니의 옆얼굴이 험난했던 인생을 단적으로 보여주는 것 같았다. 나는 동의도 구하지 않고 무의식적으로 카메라 셔터를 눌렀다. 강 할머니가 뭘 찍느냐고 낮게 한마디 하셨다. 할머니의 옆모습이 너무 멋져서 그런다고, 현상해드릴 테니 나중에 그걸 보고 그림을 그려보시라고 하니 더 이상 반대하지 않았다. 그렇게 강 할머니에게 한 발짝 더 가까이 다가갔다.

못다 핀 꽃

할머니 미술반

미술 수업을 서너 달 하니 '할머니 미술반'이 제법 꼴을 갖추기
시작했다. 김순덕 할머니는 나눔의 집에서 가장 성격이 밝고 인
정이 많았다. 다른 분들에 비해 심리상태가 가장 안정
적이라고 느껴졌다. 결혼을 하고 아이도 낳아 기르며
평범하게 살아온 때문으로 보였다. 그러나 그림 그

릴 때는 겁이 많아 매우 소극적이었다. 곧 싫증을
내고 다른 할머니들처럼 그만둘 것 같았다. 하지
만 내 예상을 깨고 김 할머니는 꼬박꼬박 성실하게 미술 수업에
참여했다. 그리고 수업에 참여할 때마다 그림 배우는 일이 '소가
웃을 노릇'이라고 연신 추임새를 넣는 것도 잊지 않으셨다. 그것
은 '어이없다'는 뜻의 할머니 식 표현이었다. 그림 그리기는 출세

한 사람들이나 하는 한가한 신선놀음이라고 생각하던 자신이 그림을 배우고 있으니 신기하다는 뜻이었다. 김 할머니는 이 말을 자신을 향해 농담처럼 던졌지만 마음속에는 잘해보고 싶은 욕심도 있었던 것 같다. 입버릇처럼 당신은 학교를 다니지 못해 배울 기회가 없어서 그림을 그릴 줄 모른다고 스스로를 방어하며 학교를 다닌 강덕경 할머니를 부러워했다. 김 할머니에게 부러움은 중요한 감정이었다. 본격적으로 그림을 그리기도 전에 지레 포기한 다른 할머니들과 달리, 김 할머니는 잘하고 싶은 마음이 에너지가 되어 그림을 계속 배울 수 있었다. 물론 수업 시간 외에 따로 시간을 내어 그림을 그릴 정도의 관심은 아니었지만, 할머니에게는 학교를 다니지 못한 설움을 달래고 지금도 늦지 않았다는 자신감을 얻는 것이 중요했다.

이용녀 할머니는 성격이 대범하고 목소리도 크고 걸걸했다. 또 사람들 앞에 나서서 노래 부르기를 좋아할 정도로 흥이 많고 활달했다. 할머니의 이런 성격은 자신 있고 시원시원한 그림으로도 나타났다. 대상에 대한 관찰력도 좋아서 할머니가 미술 수업 초기에 그린 자화상만 보더라도 그 특징을 잘 표현했다. 그러나 할머니는 감정 조절이 어려울 때가 많아 다른 할머니들과 자주 부딪쳤다. 그러고 나면 양아들 집이나 다른 곳에서 지내다가 돌아오곤 했다. 미술 수업도 이런저런 이유를 대며 자주 빠졌다. 수업 초기부터 할머니의 성격을 알 수 있는 사건이 일어났다. 할머니들의 공부 소식이 알려지면서 기자들이 취재를 하러 찾아왔을 때였다. 나는 제대로 시작하기도 전에 언론에 알려지는 것이 당황스러워 뒤에서 촬영을 지켜보고만 있었다. 그런데 카메라가 돌아가자, 수업에 별로 흥미가 없던 이용녀 할머니가 갑자기 상을 폈다. 그러고는 상에 책을 올려놓고 글씨를 쓰고, 또 스케치북을 펴고 그림 그리기에 열중했다. 그런데 촬영이 끝나자 할머니의 학구열이 갑자기 식었다.

"아이고, 머리 아파~ 오늘은 그만하고 술이나 한잔해야겠다."

할머니의 아이 같은 마음에 모두들 웃고 말았다. 이 사건 덕분에 이 할머니가 미술 수업에 어떤 자세로 참여하실지는 초기부터 어느 정도 알 수 있었다. 할머니는 그림에 재주가 충분히 있어도 그 재주를 살릴 성실함과 끈기가 약해 보였다. 발전 가능성이 있지만 꾸준히 참여하지 않는 이용녀 할머니와 소질은 없지만 끈기 있게 수업에 임하는 김순덕 할머니가 대비되었다.

이용수 할머니는 부잣집 멋쟁이 할
머니 같았다. 화려하고 세련된 외모
만 보면 그늘이라고는 전혀 느껴
지지 않았다. 사람들 앞에 나서
기를 꺼리는 대부분의 할머니들
과 달리, 호탕하고 매우 사교적이어
서 낯선 사람들과도 잘 사귀었다. 미술 수업 초기부터 참여하기
로 약속했지만, 서울과 대구를 왔다 갔다 했기 때문에 수업에 정
기적으로 참여하기가 어려웠다. 한마디로 이름만 올려놓은 격이
었다. 사실 외향적인 이 할머니에게 데생 수업은 잘 맞지 않았다.
대상을 꼼꼼하게 관찰하고 그림으로 옮기는 일은 할머니에게 지
루하게 느껴질 수 있었다. 그런데 얼마 지나지 않아 이 할머니가
미술 수업에 큰 기여를 했다. 활달하고 자신 있게 스스로를 표현
하는 그림 방식으로.

강덕경 할머니는 나눔의 집 할머니들 중에서
나이가 가장 적었다. 항상 조용하고 말수가
적었는데, 가끔씩 눈빛이 날카롭고 예사롭
지 않아 냉정함과 거리감이 조금 느껴졌

다. 강 할머니는 전쟁이 끝나고 귀국한 이래 계속 혼자 살았다. 가부장적 사회에서 혼자 사는 여성에 대한 지나친 관심과 공격을 버텨내며 독신의 삶을 선택했다는 것은 그 시절로서는 흔치 않은 일이었다. 세상과 타협하지 않는 강단과 자존심이 할머니의 몸짓과 말투에 배어 있었다. 그래서인지 처음부터 다른 할머니들과는 조금 다른 인상을 주었다.

미술 수업을 한두 번 했을 때, 나는 강 할머니에게 그림에 대한 특별한 재능이 있음을 알았다. 할머니는 대상에 대한 관찰력이 좋아 데생 실력이 하루가 다르게 늘었다. 수업도 거르는 일이 없었다. 차분한 성격과 성실함 덕분에 마치 화선지에 먹이 번지듯 수업이 거듭될수록 그림이 눈에 띄게 좋아졌다. 사실 할머니들 중 제대로 미술 수업에 참여하는 사람은 강 할머니뿐이었다. 강 할머니의 발전은 다른 할머니들 사이에 점점 부러움의 대상이 되어갔다. 그러나 할머니는 주위의 칭찬에도 조용히 웃기만 할 뿐이었다.

고독한 열정

다른 할머니들이 자신의 감정을 자유롭게 표현하는 데 비해, 강 덕경 할머니는 감정을 표현하는 데 익숙지 않았고, 불안한 마음을 감추려는 듯 고개를 숙이고 그림 그리기에만 깊이 빠져들었다. 그 런 만큼 곧 그림 실력에서 다른 할머니들과 차이가 많이 났지만, 나는 그림 실력과 상관없이 감정을 잘 드러내지 않는 강 할머니가 가장 신경 쓰였다. 강 할머니는 꼭 필요한 말만 했다. 늘 긴장의 끈을 놓지 않았고, 의사 표현을 할 때도 심사숙고해서 마음속에서 꺼내듯 천천히 낮게 말했다. 그럼으로써 자신을 안전한 곳에 감춰 두고 타인이 쉽사리 다가오지 못하게 했다. 할머니 둘레에 투명한 유리벽이라도 세워놓은 듯 거리감이 느껴졌다. 물끄러미 세상을 바라보는 눈빛에서는 사람들과의 관계에 대한 욕망이 사라진 것처럼 느껴졌다. 그래서인지 무척 고독해 보였다. 할머니는 자신을 지키기 위해 쳐놓은 선을 누군가 넘기라도 하면, 눈빛이 싸늘해지면서 입을 굳게 다물었다. 나는 그것이 자신의 삶을 지키기 위해 할머니가 선택한 생존 방식이었을 거라고 막연히 짐작할 뿐이었다. 그러다 곧 강 할머니가 나눔의 집으로 오게 된 사정을 알게 되었다.

강 할머니는 불과 몇 개월 전만 해도 남양주의 어느 밭 물탱크 옆 낡은 집에서 비닐하우스 일을 하며 근근이 살았다고 했다. 마을에서 떨어져 사람들과 거리를 두고 홀로 지내는 할머니를 위해 마을 청년들이 창고를 개조해 시멘트 벽돌로 만들어준 집이라고 했다. 겨울에는 벽돌 틈으로 들어오는 황소바람을 천으로 막고 낡은 전기장판 하나로 버티며 된장국에 밥을 말아 먹었고, 여름에는 팥죽 같은 땀이 흐르는 숨 막히는 집에서 열기를 식히기 위해 차가운 물에 밥을 말아 입안에 밀어넣었다고 했다. 그곳을 떠나기 얼마 전에는 일본군에 끌려갔었다는 소문이 돌아 얼굴을 들고 다닐 수 없었던 데다, 팔을 다쳐 일도 나가지 못하고 정부에서 생활보호대상자에게 주는 쌀과 돈으로 살았다고 했다. 설상가상으로 그 집마저 곧 철거해야 한다는 소식이 들려왔다. 할머니가 자신의 작은 몸뚱이 하나 누일 공간조차 허락지 않는 각박한 세상 인심에 어찌할 바를 모르고 있을 때, 그 소식을 들은 불교계에서 일본군 성노예제 피해자 할머니들을 위해 나눔의 집을 마련했다. 어떻게 보면 강 할머니의 안타까운 사연 때문에 나눔의 집이 마련되었다고 할 수 있다. 다행히도 강 할머니에게 겨울바람을 피할 따뜻한 방이 생겼다. 그것만이 아니었다. 어디서 오는지, 얼굴도 모르는 사람들이 할머니들을 돕겠다며 끊임없이 나타났다. 할머니는 평생 만날 일 없을 것 같던 사람들의 과분한 관심에 당황스럽고, 그런 급작스러운 변화에 몸 둘 바를 모르겠고, 모든 행동거지가 조심스럽기만 했을 것이다. 50년 동안 치욕적인 상처를 가슴에 안고 세상에서 잊힌 채 무명의 삶을 살아온 할머니가 일본군 성노예제 피해자 강덕경으로 사회적 관계를 다시 시작해야 했으니, 어찌 보면 당연한 반응일 것이다.

처음 강 할머니를 만났을 때 할머니의 눈에는 놀란 토끼 같은 긴장과 예민함이 담겨 있었다. 나는 할머니가 본능적으로 나와 거리를 두려 한다는 것을 알았지만, 할머니의 입장을 제대로 이해하지는 못했다. 몇 달이 지난 후에야 할머니가 제대로 보이기 시작했다. 상처와 아픔을 이해해주는 사람 없이 50년 동안 홀로 수많은 불면의 밤을 견디며 입을 닫고 지내온 터라, 눈빛만 날카로워진 채 을씨년스러운 풍광 속을 떠돌던 삶이 아직은 더 익숙하리라는 사실을 그제야 짐작할 수 있었다. 할머니가 그 오래된 침묵을 뚫고 나오려면 시간과 특별한 계기가 필요해 보였다.

나는 돋보기를 코끝에 걸친 채 스케치북 속으로 빨려들어갈 듯 진지하게 그림을 그리는 강 할머니를 바라보았다. 아무런 잡념 없이 그림에 집중하고 있는 그 순간만큼은 할머니의 얼굴이 편안해 보였다. 그 하얀 8절의 공간은 할머니에게 과거의 상처로 인한 태풍 같은 격랑의 마음이나 사람들이 자신에게 보여주는 선의의 위로에 몸 둘 바를 모를 정도로 황망한 마음을 잠시 접어둘 수 있는 적막의 공간이자 익숙한 침묵의 공간이었다. 봄을 지나 여름이 다 가도록 강 할머니는 말없이 그림 그리는 데만 마음을 쏟아부었다. 할머니는 스케치북에 그린 그림들을 수시로 되돌려보며 한 장씩 채워나갔다. 할머니의 그림 실력이 놀라운 발전을 보이자, 나는 한 단계 더 높은 수준을 제시해보고 싶어졌다.

어느 날 강 할머니가 손에 솔방울을 올린 그림

을 그려놓고 나를 기다리고 있었다.

"와, 할머니, 관찰을 아주 잘하셨어요! 손의 잔주름까지 잘 그리셨네요."

할머니의 눈에 살짝 웃음이 비쳤다.

"음, 그래도 뭔가 조금 이상해. 애기 손 같기도 하고……."

할머니는 스스로 그림의 부족한 부분을 끄집어내 말했다.

"엄지손가락에 비해 다른 손가락들이 많이 짧아서 애기 손처럼 느껴지는 거예요. 어느 부분을 그릴 때 어려우셨어요?"

"솔방울 때문에 어려웠어요. 너무 복잡하게 생겨가지고."

"천천히 잘 그리시다가, 솔방울이 복잡하게 생겼으니까 마음이 급해져서 저걸 어떻게 그리나 하고 겁이 나신 거예요. 갑자기 마음이 조급해져서 머릿속에서 계산을 한 거죠. 복잡한 부분도 면과 선이 닿는 부분을 잘 보고, 도 닦듯 천천히 그려보세요."

할머니가 솔방울을 쥔 손을 다시 그리기 시작했다. 손바느질로 시간을 엮듯, 할머니의 선이 하얀 종이 위를 한 땀 한 땀 지나갔다. 이번에는 솔방울과 손의 비례가 정확히 맞았다.

"할머니, 아까 그 그림과 이번 그림을 비교해보세요. 어때요?"

"좀 낫네" 하며 씩 웃으신다.

못다 핀 꽃

"에이~ 할머니, 좀 나은 게 아니라 완전 잘하신 거예요."

미술 선생의 칭찬에 할머니가 쑥스러운 듯 웃었다.

강 할머니는 같은 그림을 여러 장 그릴 때가 많았다. 사람들은

보통 똑같은 일을 반복하는 것을 힘들어하지만, 할머니는 끝까지

문제를 해결하고자 하는 탐구심을 보이며 차분하게 다시 그려냈다. 그리고 항상 그것을 나에게 보여주셨다. 할머니는 수업 시간마다 나에게 무엇을 보여줄지 고민했고, 매번 나는 할머니가 어떤 발전을 이루었는지 궁금했다. 사실 미술 수업은 강 할머니 혼자 이끌고 있다고 해도 과언이 아니었다. 열정적인 강 할머니 덕분에 수업을 지속할 수 있었다. 선생인 나에게는 행운이었다. 강 할머니의 존재가 미술 수업을 이끄는 데 매우 중요한 동력이 되었기 때문이다.

나는 할머니에게 다음 단계로 식물의 자연스러운 선과 그 선들이 만들어낸 공간을 그려보는 숙제를 냈다. 강 할머니는 주변에 보이는 식물들을 찾아 그리기 시작했다. 마당에 떨어져 있는 나뭇잎, 길을 오가다 주운 나뭇가지, 방에 있는 작은 화분 들이 하얀 도화지 위로 고스란히 이사를 왔다.

다시 미술 수업 시간이 돌아왔다. 할머니들의 방마다 화려한 꽃들이 병에 꽂혀 있었다. 내가 집 안이 환해졌다고 반색을 하자, 행사에 초대받아 갔다가 그곳에 꽃꽂이해놓은 것을 얻어왔다고 앞다퉈 이야기했다. 할머니들이 저마다 개선장군처럼 꽃을 한 아름씩 들고 오는 모습이 눈앞에 그려져 웃음이 났다. 강 할머니의

1993. 8.31 기청지.

작은 상에도 연꽃과 나리꽃이 꽂혀 있었고, 그 앞에 놓인 스케치 북에 그 꽃들이 멋지고 우아하게 그려져 있었다. 할머니는 그 꽃들을 그려놓고 미술 선생의 평가를 기다리고 있었다. 할머니의 조심스러운 눈빛이 내 얼굴에 와 닿았다.

"할머니, 이 그림은 지금까지 그린 것 중 최고예요."

"그런데 그림이 좀 약해 보여."

"그림에서 제일 어두운 부분을 이렇게 살짝 어둡게 해보세요."

그림을 마무리하는 방법을 보여드리자, 강 할머니의 눈이 반짝하고 빛나더니 그대로 따라 했다. 아무래도 미술 수업 초기에는 할머니의 그림에 내가 어느 정도 첨삭을 해야 했다. 하지만 이제는 그럴 필요가 없겠다는 확신이 들었다.

"아따, 잘 그렸네!"

다른 할머니들이 모여들어 구경을 했다. 강 할머니의 눈가에 주름이 잡히더니 얼굴에 웃음이 번졌다. 힘차게 돌아가는 선풍기 바람이 꽃향기와 할머니들의 담소를 방 안 가득 흩뿌렸다. 그 흐뭇한 광경을 바라보다가, 문득 나는 강 할머니의 눈빛이 변하고 있음을 깨달았다. 그때까지 할머니가 그렇게 환하게 웃는 모습을 본 적이 없었다. 좋은 일이 있어도 소리 내지 않고 살짝 미소만 지었다. 그런 할머니의 모습에서 자존심이 강한 분이라는 인상을 받았고, 그렇게 늘 긴장감을 유지하는 모습이 힘겨워 보이기도 했다. 그런데 그림이 한 장 한 장 쌓일 때마다 할머니의 긴장감이 조금씩 웃음으로 바뀌는 것 같았다.

아마도 할머니는 지금껏 무심히 지나쳤던 식물들을 바라보고 그것을 손으로 따라 그리면서, 형제처럼 쪼르르 붙어 있는 귀여운 나뭇잎들과 싱그러운 나뭇가지에 단단히 매달려 있는 기특한 빨간 열매들과 고귀한 자태의 나리꽃을 보고 우아한 분홍빛 연꽃의 향기를 맡으면서 마음이 조금씩 누그러졌을 것이다. 그 연약한 자연의 색들이 마음을 물들이고 촉촉한 이슬이 메말랐던 감성을 적시듯, 할머니는 그 작고 하찮은 생명들의 기특함에 이끌려 밥상을 펴놓고 하루 종일 천천히 선을 그었을 것이다. 어쩌면 시간이 멈춘 듯한 그 공간에서, 마음이 온통 그림에 쏠려 무아의 경지로 빨려들어갔을 것이다. 불행히도 그 경지는 지난 50년 동안 외롭고 쓸쓸하게 살아온 강 할머니가 한 번도 가보지 못한 미지의 세계였다. 강 할머니는 그림 덕분에 처음으로 평화를 맛보았다. 그렇게 잠시나마 맛본 마음의 평안이 할머니를 작은 밥상 위 하얀 도화지 앞으로 자꾸만 이끌었을 것이다. 지난 시간들을 아쉬워하듯 할머니는 하루 종일 그림 수행을 했다. 삶에서 마땅히 누려야 했으나 그러지 못했던 자잘한 기쁨들이 그림이 되어 차곡차곡 쌓여갔다. 오랫동안 절망에 사로잡힌 채 우울과 불덩이 같은 분노에 지배받았던 할머니는 그 시간을 통해 새로운 감정들을 경험했다. 어쩌면 그것은 지난 수개월 동안 할머니가 그림을 그리며 집중했던 순간들이 만들어낸 값진 변화의 시작이었으리라.

이제 강 할머니는 온통 그림 생각뿐이었다. 할머니에게 그림 그리기는 새로운 발견이었고, 그림이라는 프리즘을 통해 세상을 바라보기 시작하자, 할머니의 날카로운 눈빛에도 마음의 변화가 고스란히 반영되었다. 그리고 그 변화는 할머니 자신도 모르게 일어나고 있었다. 그 무렵 강 할머니는 스스로 쳐놓은 장막을 걷어내고 밖으로 나오려는 듯 보였다. 미술 수업에서도 활력을 찾은 듯 목소리가 커졌다. 나는 강 할머니가 스스로 빗장을 풀고 경계 밖으로 나오고 있다고 느꼈다.

감춰진 상처

여름이 지나가고 있었다. 나눔의 집 할머니들 사이에도 자연스럽게 질서가 생겼다. 나이가 많은 김순덕 할머니와 가장 어린 강덕경 할머니가 분위기를 주도적으로 이끌어갔다. 꾸준히 미술 수업을 진행한 덕분에 나와 할머니들의 관계도 자연스러워졌다. 무심한 듯 할머니들 곁에 있는 것만으로도 믿음이 쌓여갔다. 그러나 지나친 예의를 갖추지 않아도 되는 편하고 익숙한 상태가 되니 감춰져 있던 것들이 조금씩 드러나기 시작했다.

처음에 나는 할머니들끼리 자주 싸우는 줄 몰랐다. 그런데 알고 보니 할머니들은 형님 아우님 하면서도 금세 앙숙으로 돌변해 서로 상처를 주고받았다. 대부분의 싸움이 사소한 일에서 시작되듯, 할머니들이 싸우는 이유도 지극히 작은 문제 때문이었

다. 예를 들어 사과나 배 등 크기가 제각각인 과일이 선물로 들어
오는 날이면, 그것을 나누는 과정에서 싸움이 일어나기도 했다.
작은 사과와 큰 사과의 크기 차이 정도의 작은 이권을 둘러싼 할
머니들 간의 갈등은 어느 순간 갑자기 타오르는 들불처럼 거세게
번지곤 했다. 갈등은 사람들이 모인 곳이면 으레 생기게 마련이
지만, 할머니들은 가식이나 체면 따위는 던져버린 채 그동안 생
존을 위해 처절하게 학습해온 행동을 그대로 보여주었다. 게다가
과거의 상처로 인해 감정 조절이 어려운 상황까지 더해져 갈등이
쉽게 풀리지 않았다. 한편으로 생각하면, 세상 끝으로 밀려난 존
재들이 몸부림을 치듯 할머니들도 그렇게 지금껏 버텨온 것이 아
닐까 싶었다. 그렇게 50년을 살아왔기에, 온몸에 새겨진 아픔이
칼날이 되어 자신은 물론 타인에게도 쉽게 상처를 냈다. 그래서
사과 크기 같은 사소한 일에도 마음의 여유 없이 갈등을 빚고 있
었다.

　할머니들의 갈등을 알게 되니, 정서적·신체적 문제들도 점점
눈에 들어오기 시작했다. 할머니들의 방에는 약이 수북하게 담긴
바구니가 하나씩 놓여 있었다. 할머니들은 노인성 질환 외에 부인
과 질병도 많이 앓고 있었다. 또한 작은 자극에도 감정 조절이 되

지 않아 사소한 일에도 자주 화를 내곤 했다. 그림을 그리는 세 할
머니도 마찬가지였다. 이용녀 할머니는 괴로운 과거를 밖으로 내
보이는 편이었다. 괴로울 때마다 술로 마음을 달래왔는지 막걸리
를 자주 마셨고, 술을 마시면 울고불고 했다. 그래서 동네 주민들
이 경찰서에 민원을 넣는 일도 자주 있었다. 과거의 상처로 인한
알코올 중독이 아닐까 염려되었다. 더구나 그런 이 할머니의 모
습을 보고 다른 할머니들은 '자기 혼자만 고생을 했나' 하는 생각
에 이 할머니를 질타했다. 결국 이 할머니는 다른 할머니들과 함
께 계속 지내지 못하고 양아들네와 나눔의 집을 왔다 갔다 했다.
김순덕 할머니는 결혼해서 딸 하나와 아들 둘을 두었다. 전쟁 때
딸을 잃었지만 그럭저럭 평범한 가정생활을 해왔다.
대학까지 나온 아들과 일본 유학 중인 손녀가
할머니의 자랑이었다. 그렇게
별 문제가 없을 것 같은 김
할머니에게도 이상한
점이 느껴졌다. 할머니
는 조금 심하다 싶을 정
도로 물건을 수집했다.

김 할머니는 타인들과의 관계 문제보다 정서적으로 불안해 보였다. 강덕경 할머니는 다른 사람에게 자신을 쉽게 내보이지 않고 매사 조심스럽게 행동했다. 젊은 시절부터 부인과 질병으로 오래 고생해온 데다 신장병과 불면증도 있었다. 그러나 어찌 되었든 공동생활을 유지해야 했으므로, 할머니들 사이에 다툼이 생기면 젊고 사리판단을 잘하는 강 할머니가 교통정리를 했다.

상처를 그대로 드러내보이는 이 할머니부터 겉으로는 평범해 보이는 김 할머니와 자신을 감추는 강 할머니까지, 모두 과거의 고통이 현재에도 진행 중이었다. 그 고통을 해소하는 방법을 찾는 것이 매우 중요해 보였지만, 거기까지 여력이 미치지는 못했다. 한 맺힌 증언을 통해 자신들이 일본군 성노예였음을 밝혔음에도 불구하고 일본군의 개입이 없었다고 거짓을 일삼는 일본 정부를 상대로 싸우는 일이 할머니들에게는 더 큰일이었으므로, 마음의 상처를 보살피는 일은 뒷전으로 밀리기 일쑤였다. 사람들도 기거할 곳조차 없던 할머니들에게 몸을 누일 공간이 생긴 것만도 다행이라고 생각했다.

멈추지 않는 고통

전쟁에서 살아 돌아온 일본군 성노예 여성들은 약속이나 한 듯 자신이 당한 일에 대해 입을 닫아버렸다. 가부장적이고 남성 중심인 한국 사회에서 성노예였다는 사실을 입 밖에 내는 것은 자살 행위나 마찬가지였으므로 어린 여성들은 침묵했고, 그로써 일본군 성노예제 문제는 역사에서 완벽하게 지워졌다. 그녀들은 여성으로서 순결을 짓밟힌 것이 자신의 잘못이라 자책하며 일본군에게 당한 끔찍한 집단 성폭행의 기억을 빨리 잊으려고 했다. 그러나 마음속에 꽁꽁 묻어둔 고통은 시도 때도 없이 치욕의 감정으로 되살아났다. 그 고통은 달아날수록 더 우악스럽게 따라붙게끔 설계된 듯했다. 그녀들은 마치 뫼비우스의 띠 위에서 도망치듯 미래마저도 과거의 오욕과 고통에 저당 잡힌 채 살아가야 했다. 고통은 시간이 흐를수록 그녀들의 삶에 복잡하고 다층적인 영향을 미쳤다. 오랜 세월 동안 치유받지 못한 내면의 상처로 인해, 점점 말이 없어지거나 침울해지거나 사람들을 싫어하게 되거나 술을 과하게 마시는 등 괴팍한 할머니가 되어갔다.

할머니들이 불안과 우울증과 정조에 대한 사회통념을 이겨내고 세상에 나오기 시작하자, 귀신에게도 들켜선 안 된다고 생각했던 그 일, 50년 동안 판도라의 상자 속에 가둬 마음속 가장 깊은 곳에 감춰놓은 일들이 마구 터져나오기 시작했다. 일본군이 저지른 조직적인 성폭력을 구체적 증언으로 고발하는 일은 일본군 성노예로 끌려간 첫 번째 사건 이래 할머니들의 인생을 송두리째 바꾼 두 번째 변화이자 중요한 변곡점이 되었다.

하지만 판도라의 상자의 빗장이 갑자기 풀리자, 할머니들의 마음은 거친 해일을 맞았다. 해일은 바닷속 어두운 심연을 헤집어 모든 것을 수면 위로 끌어올려놓았다. 할머니들의 놀란 마음도 찬란한 햇빛 아래 그대로 붉게 노출되었다. 밝은 햇빛은 한 줌의 어둠도 허락하지 않았다. 시간이 좀 더 흐르면 햇빛의 따스함을 즐길 여유도 생길 테지만, 당시 할머니들은 마음의 상처가 고스란히 드러난 상태였고, 누가 조금이라도 스치면 화들짝 놀라 온몸을 움

츠렸다. 꾹꾹 눌러놓았던 분노가 바로 어제 일인 양 훅 하고 솟구
쳐올라왔지만 어떻게 다스려야 할지, 과연 다스려지기나 할지 알
수 없었다.

　할머니들이 일상에서 다투며 서로 상처를 주는 모습과 방 한구
석에 놓인 약 바구니에서 매일 한 움큼씩 약을 꺼내 입에 털어넣
는 모습을 지켜보며, 나는 어떻게 하면 좋을지 고민했다. 아마 그
때부터였을 것이다. 할머니들의 미술 선생으로서 나는 막연하게
나마 할머니들이 당신들의 고통을 그림으로 그려보면 좋겠다고
생각하기 시작했다. 할머니들의 그림 실력이 시나브로 늘고 있었
으므로 가능할 것 같았다. 인간사의 아픔과 괴로움이 예술로 재탄
생되어 공감을 이끌어내듯, 할머니들의 가슴속 고통도 그림으로
표현할 수 있다면 스스로 그 고통에서 벗어나는 지름길이 될 거라
는 확신이 들었다. 무식하면 용감하다고, 미술 치료라는 개념도
방법도 모르던 때이지만 순전히 직감으로 그렇게 느꼈다. 그림이
죄의식과 자기혐오로 점철된 삶을 살아온 할머니들에게 도움이
되기를, 수치스러운 부분을 드러내야 자신의 존재를 인정받을 수
있는 할머니들의 곤혹스러움을 위로해주기를 꿈꾸었다. 가능하
다면 단 한 분이라도 그럴 수 있길 바랐다. 물론 쉽지 않은 일이었

지만, 할머니들은 증언과 수요시위 참석, 각계각층 사람들과의 만남을 통해 인식의 변화를 많이 겪었다. 그러니 도전해볼 만했다. 그렇게 어렴풋이 미술 수업의 새로운 방향이 정해지고 있었다.

그러나 나의 상상은 현실과는 괴리가 있었다. 할머니들은 자신들의 과거를 그림으로 그려낼 생각을 꿈에도 하지 못하고 있었다. 더구나 그림은 말로 하는 증언과는 달리 구체적 장면을 너무나 생생히 떠오르게 하기 때문에, 나도 할머니들의 마음이 걱정되어 선

못다 핀 꽃

뜻 시도하지 못했다. 또한 미술 치료를 하기에는 내가 할머니들보다 턱없이 어리고 미술 치료 경험도 없다는 점이 문제가 되었다. 할머니들은 나를 깍듯이 '미술 선생'으로 대우해주었지만, 사실 아직 결혼도 하지 않은 나는 할머니들이 보기에는 당신들의 남부끄러운 이야기를 낱낱이 하거나 그림으로 표현하는 데 도움을 받기에는 너무 어린 아가씨에 불과했다.

새로운 시도

    어느 날 우연히 미술 잡지에서 정신질환 환자들의 그림을 보게 되었다. 잡지에는 미술을 매개로 환자 내면에 감춰진 이야기를 표현함으로써 문제가 무엇인지 드러내는 미술 치료 방법이 소개되어 있었다. "그림을 그리는 과정 자체가 개인의 내면과 외부세계, 정신과 물질세계를 조화시켜 갈등과 불안을 해소하는 데 도움을 줄 수 있다. 뭔가를 창조하고 새로운 것을 만든다는 자기실현의 기쁨과 마음속 깊은 곳에 감춰진 상처들을 상상력과 결합시켜 밖으로 표출하게 하는 것이 그 목적"이라고 적혀 있었다.

    눈이 번쩍 뜨이는 대목이었다. 마치 누가 내 고민을 듣고 있었던 것 같았다. 할머니들의 미술 수업 방향에 변화를 주고 싶다는 생각을 하던 터라, 미술 치료라는 말이 너무나 매력적으로 다가왔

다. 하지만 책방을 다
뒤져도 변변한 미술
치료 책 한 권 제대
로 찾기가 힘들었다.
그래서 미술 잡지에 글
을 기고한 정신과 의사 선생
님을 수소문했다. 잡지사에 통사

정을 해서 연락처를 겨우 얻었다. 그런 다음 종로에 있는 병원을
무작정 찾아갔다. 정신과 병원에 처음 가보는지라 낯설어서 긴장
이 되었다. 간호사에게 용건을 말하니, 진료실로 바로 안내해주
었다. 문이 열리는 순간, 의사 선생님이 환자와 상담을 하고 있어
서 나는 크게 당황했다. 자잘한 꽃무늬 원피스를 입은 환자는 갑
자기 들이닥친 나를 외면하느라 고개를 반대쪽으로 돌려 창문을
바라보고 있었다. 아무래도 내가 진료실에서 나갈 때까지 창문만
계속 바라보고 있을 것 같았다. 그 환자를 위해서라도 최대한 빨
리 질문을 해야 했다. 나는 짤막하게 내 소개를 한 뒤, 일본군 성
노예제 피해자 할머니들에게 특별한 수업을 하려고 고민하던 차
에 의사 선생님이 쓰신 미술 치료에 관한 글을 보고 찾아오게 되

었노라고 재빨리 설명했다. 의사 선생님은 이미 오래전부터 정신
과에서 사람들의 마음을 치유하는 도구로 그림을 써왔다고 했다.
미술 치료 학회가 있다는 사실도 처음 알게 되었다. 미술 치료에
대해 좀 더 알게 되어 기쁘기도 했지만, 무엇보다 할머니들에게
유용할 거라 생각하니 흥분이 되었다. 그런데 갑자기 찾아와 이것
저것 급하게 질문하는 내 모습이 염려스러웠는지, 의사 선생님은
섣불리 시도하지 말고 충분히 공부해서 잘해보라고 당부했다. 내
가 느끼기에도 나는 높다란 성(城) 앞에서 어떻게 쓰는지도 모르
는 창(槍) 하나를 들고 여기저기 뛰어다니는 꼴이었으니, 천둥벌
거숭이 같은 나를 의사 선생님이 걱정하는 것도 당연했다. 짧은
시간에 오고간 문답이라 많은 것을 얻을 수는 없었지만, 다음 단
계로 나아갈 수 있는 기회가 되었다.

　　이후 지인의 도움을 받아 실제 미술 치료를 받고 있는 환자들
의 그림을 볼 수 있었다. 급한 사람이 우물 판다고, 나에겐 그만큼
궁금하고 절실하게 알아내야 하는 숙제였다. 할머니들의 미술 수
업을 계기로 미술 치료에 관심을 갖게 되었지만, 나중에는 그림
을 지도하는 사람으로서 본격적으로 미술 치료를 공부했다. 하지
만 정신과에서 이루어지는 미술 치료의 결과물을 보면 볼수록 미

술이 그저 도구로만 쓰이는 것이 못내 서운하고 뭔가 찜찜했다. 물론 정신과 치료에서 언어로 표현되지 못한 것들이 그림을 매개로 표출된다는 매우 긍정적인 측면이 있었지만, 환자들이 일차적으로 토해내는 그림에서 감동을 느끼기란 쉽지 않았다. 다시 말해, 내가 찾는 것과 정신과에서 이루어지는 미술 치료가 완벽하게 맞아떨어지지는 않았다. 나는 다시 한 번 고민에 빠졌다. 누군가의 상처를 표현한 그림을 보고 관객이 공감하고 감동을 느낄 수는 없을까? 불행했던 개인사를 표현한 화가들의 그림을 보고 우리가 공감하듯이, 할머니들도 자신들의 이야기를 그림에 담아 사람들에게 감동을 줄 수 있다면 정말 좋을 것 같았다. 나는 이 고민을 화두처럼 마음에 간직한 채 미술 수업의 변화를 시도하기 위해 조심스레 때를 기다렸다.

그러나 할머니들은 성노예 피해를 증언하고 나면 다시 그때가 생생하게 떠올라 꿈자리마저 사나워 괴롭다고 했다. 그런 할머니들에게 다짜고짜 괴로운 과거를 그림으로 그려보자는 이야기를 도저히 꺼낼 수가 없었다. 할머니들의 문제를 그림으로 어떻게 끌어내야 할지 막막했다. 혹시라도 내가 할머니들의 상처를 어설프게 헤집어 나쁜 결과를 불러올 수도 있었기 때문에 겁이 나기도 했다. 이 시도는 미술 선생으로서 나 자신에게도 도전이었다. 우선 현재 느끼는 감정을 그림으로 표현하는 수업을 해보기로 했다. 그동안 그림의 기초를 배우느라 지금까지 마음속에만 가둬놓았던 감정들을 자유로운 형식으로 풀어내볼 필요가 있었다. 기쁨이나 슬픔, 화, 외로움 등 현재 자신이 느끼는 감정을 액션 페인팅•처럼 물감으로 표현하는 방법을 시도했다. 다행히 내 꿍꿍이가 의외로 쉽게 풀릴 기회가 다가오고 있었다.

붉은 입술

오랜만에 대구에서 이용수 할머니가 올라오셨다. 멋쟁이 할머니답게 고운 차림이었다. 할머니는 서울 나눔의 집에 올 때마다 미술 수업에 참여했다. 마침 심상 표현을 해보는 첫날이었다.

나는 새로운 수업에 할머니들이 어떤 반응을 보일지 매우 긴장되었다. 하지만 가벼운 어조로 할머니들에게 새로운 수업에 대해 설명했다.

"오늘은 새로운 방법으로 그림을 그려볼까요? 첫날 낙서처럼 그려봤던 거 기억하시죠? 그때처럼 오늘 수업은 그림을 잘 그리고 못 그리고가 전혀 상관없어요. 자, 눈을 감아보세요."

할머니들은 말 잘 듣는 어린 학생들처럼 모두 눈을 감았다.

"요사이 어떤 감정을 가장 크게 느꼈는지 생각해볼까요? 기뻤는지, 화가 났는지, 아니면 슬펐는지 무엇이든 떠올려보세요. 그리고 무슨 일 때문에 그런 감정을 느꼈는지도 생각해보고요.”

이렇게 말한 뒤, 잠시 기다렸다가 다시 말했다.

“자, 이제 눈을 뜨고 생각한 것을 그림으로 그려볼까요? 아이들 낙서처럼 자유롭게 해보세요.”

평소와는 다른 수업에 할머니들이 어떻게 할지 몰라 당황하는 것이 느껴졌다. 물론 할머니들에게 다소 난해한 주문이라는 것을 알고 있었지만, 모든 시도에는 무모한 용기가 필요한 법이고, 결과에 상관없이 일단 해보는 것이 중요했다. 모두 머뭇거리고 있을 때, 먼저 이용수 할머니가 붓을 들었다. 빨간 물감을 붓에 묻히더니 과감하게 쓱쓱 그려나갔다. 회오리치듯 붉은 선이 종이 위에 거침없이 자국을 남겼다. 할머니는 빨간색에 이어 노랑, 파랑의 선들을 복잡하게 그었다. 화려한 선들이 칡넝쿨이 얽히듯 서로 복잡하게 얽혀갔다.

“이 그림은 제목이 ‘복잡한 세상살이’인데, 내가 여태껏 살아보니 세상살이라는 것이 여러 가지 고민이 풀리지 않고 살면 살수록 더 복잡하게 꼬여서, 하도 답답한 마음이 들어 이렇게 그렸어요.”

누가 묻지도 않았는데, 할머니는 친절하게도 그림에 대한 설명까지 곁들였다. 수업이 어떻게 진행될지 긴장하고 있던 나는 할머니의 말에 저절로 미소가 지어졌다. 시작이 아주 좋았다. 자신의 감정을 솔직하게 표현하는 모습으로 새로운 미술 수업의 포문을 멋지게 열어준 이 할머니가 너무나도 고마워 진심으로 칭찬을 해드렸다.

용기를 얻은 할머니는 또 무엇이 생각났는지, 무지개 색 타원을 그리기 시작했다. 화면 왼쪽에 조금 작은 타원이, 오른쪽에는 조금 큰 타원이 그려졌다. 할머니는 붉은색 물감을 묻힌 붓으로 오른쪽 타원 위를 힘주어 꾹꾹꾹 찍었다. 다른 할머니들은 아직 무엇을 해야 할지 모른 채 이 할머니가 붉은 점을 격하게 찍는 모습을 신기한 듯 바라보고 있었다. 마지막으로 할머니는 왼쪽 타원 위에 '청춘'이라고 쓰고 그림을 마무리했다. 그리고 잠시 생각에 잠기듯 눈을 감았다 뜨더니, 그림 설명을 덧붙였다.

"왼쪽은 처녀 시절 내 깨끗한 모습이야. 어릴 적엔 참 곱다는 소리를 많이 들었지. 이 오른쪽은 지금의 나인데, 상처를 많이 입었어."

나는 매우 흥분했다. 이용수 할머니가 이런 식으로 자신의 상처를 끄집어내리라고는 상상도 못했기 때문이다. 어떻게 할머니들에게 과거의 상처를 그림으로 표현하게 할지 내내 고심하고 있었는데, 이 할머니의 그림으로 단번에 해결되었다. 그리고 그 한 장의 그림에 할머니의 문제가 아주 간결하고 명확하고 압축적으로 표현되어 있다는 점에 다시 한 번 놀랐다. 할머니의 그림에서 타원은 여성의 성(性)을 나타내는 특별한 상징으로 표현되었다. 왼쪽 타원은 일본군에게 끌려가기 전 순결하고 순수했던 자신을, 오른쪽 타원은 성노예로 끌려가 성폭행으로 상처 입은 후 현재까지의 자신을 나타내고 있었다. 살아온 세월의 크기만큼 오른쪽 타원을 크게 그렸다.

이 할머니의 붓은 날개를 달았다. 할머니는 거침없이 연달아 마음을 쏟아내고 있었다. 이번에는 하얀 도화지 위에 붉고 커다란 입술을 그렸다. 할머니는 립스틱을 칠하듯 정성 들여 새빨간 입술을 그리고 있었다. 그림 한가운데에 거대하고 여성적인 입술이 초현실적으로 떠 있었다. 표현이 신선하고 강렬해서 입술 하나만으로도 매력적인 그림이었다. 할머니는 입술 위에 무지개를 그려 넣고 그림을 마무리했다. 그 그림의 의미가 너무나 궁금했다.

"이제까지 살면서 할 말이 참 많았지. 하지만 그 말들을 다 못하고 살았어. 영감하고 헤어지고 이렇게 할 말 다 하고 다니지."

이용수 할머니의 그림〈무지개 붉은 내 입술〉속 입술은 현실에서의 할머니의 입술과 꼭 닮았다. 이 할머니는 항상 화려한 붉은색으로 입술을 정성껏 칠하고 다니셨다. 입술 단장은 이 할머니에게 매우 중요한 의식이었다. 자신을 꾸미는 행위를 넘어서 여성으로서 자존심을 표현하는 방법인 동시에, 사랑하는 자기 자신에 대

한 애착 행동이었다. 입술 위의 고운 무지개는 다시는 돌아갈 수 없는 순진무결한 아름다운 과거를 의미했다. 무지개는 인간이 가닿을 수 없는 순수한 이상의 세계이자 동경의 대상이다. 그 무지개는 이 할머니의 어린 시절과 결합해, 깨끗하고 상처 받지 않은 시절로 돌아가고 싶은 할머니의 마음 상태를 나타냈다. 상처 받기 전인 어린 시절로 돌아가고 싶은 욕망, 구강기에 머무르고 싶은 마음이 과장된 입술로 표현되어 할머니의 마음을 그대로 대변하고 있었다. 누구도 알아서는 안 되는 비밀을 가슴속에 간직한 채 살아야 한다는 것은 성격이 활달한 이 할머니에게 무척이나 답답한 일이었을 것이다. 이 할머니는 그림에서 화려한 외양과 달리 꽉 다문 입술을 그렸는데, 이는 겉으로 보이는 화려함 뒤에 감춰온 말 못할 한을 표현하고 있었다.

마지막으로 이 할머니는 여러 가지 색으로 물 흐르듯 자연스레 흘러내리는 선들을 표현했다. '내 마음 별과 같이'라는 제목을 붙인 이 그림은 첫 그림 〈복잡한 세상살이〉와 짝을 이뤘다. 할머니는 복잡하게 꼬였던 마음이 흐르는 별과 같이 자연스럽게 풀리길 바란다는 염원을 남기며 이날 수업을 완벽하게 마무리했다. 단 한 번의 수업으로 자신의 문제를 감추지 않고 솔직하게 표현하며 그

림으로 한바탕 한풀이를 한 것이다. 그림과 함께 적절한 설명까지 거뜬히 해낸 이 할머니를 보고 그 자리에 있던 사람들 모두 신선한 충격을 받았다. 나는 이 할머니에게 받은 감동을 두 배로 돌려드렸다. 이 할머니에 대한 미술 선생의 칭찬이 강덕경 할머니와 김순덕 할머니에게 수업의 새로운 방향을 어느 정도 제시해주기를 바라는 마음도 있었다. 이용수 할머니의 그림은 곧 다른 할머니들에게 영향을 미쳤다.

일편단심

한동안 이용수 할머니를 바라보던 김순덕 할머니가 잠시 생각에 잠기더니, 붓에 붉은 물감을 찍었다. 새하얀 눈밭 같은 흰 도화지 위로 붉은 피가 한 방울 떨어졌고, 붓은 허공에 멈춰 있었다. 몇 초 동안 침묵이 흐른 뒤 할머니의 손이 조금씩 떨리더니, 선이 살아 움직이기 시작했다. 할머니는 붓끝에 모든 기를 모아 선을 그렸다. 마치 정화수를 떠놓고 치성을 드리는 것처럼 온 정성을 다했다. 지금껏 김 할머니에게서 느껴보지 못한 집중력이었다. 붉은 선이 할머니의 심박수를 나타내듯 규칙적으로 꿈틀댔다. 그 모습에 다른 할머니들의 관심이 쏠렸다.

"행님, 그기 뭐요?"

아직 아무것도 그리지 못해 마음이 급해진 강덕경 할머니가 물었다. 그러나 김 할머니는 평소 대꾸를 잘하던 분답지 않게 한마디도 하지 않고 선긋기에만 몰두했다. 아니, 너무 집중한 나머지 듣지 못하는 것 같기도 했다. 그렇게 한동안 붉은 선을 긋더니, 붉어진 마음을 식히려는 듯 붓에 푸른색 물감을 찍어 붉은 선 아래에 나란히 그었다. 하얀 도화지에 붉은 선과 푸른 선이 가득 찼다. 진지한 할머니의 모습에 모두들 더 이상 말을 걸지 못하고 바라보고만 있었다.

곧 그림이 완성되었고, 궁금한 할머니들은 김 할머니의 입만 보며 설명을 기다렸지만, 할머니는 바로 설명을 하지 않고 자신의 그림만 지그시 바라보았다. 그러다가 마침내 입을 떼어 "이것은 일편단심이야"라고 짧게 말했다. 할머니들은 붉고 푸른색의 구불거리는 선들로 가득 채워진 그림과 일편단심이라는 말 사이의 연관성을 찾지 못해 큰 소리로 웃음을 터뜨렸다.

"그것이 어째 일편단심이요?"

강 할머니가 아직 웃음기가 가시지 않은 얼굴로 다시 물었다. 하지만 김 할머니는 다른 할머니들이 웃는 소리에 개의치 않았다. 평소 자신이 그린 그림을 부끄러워하던 것과 달리, 할머니의 얼굴에서는 결연한 자존심마저 느껴졌다. 김 할머니는 웃음소리가 잦

아들기를 기다렸다가 부연 설명을 하기 시작했다.

"내가 젊은 시절에 험한 꼴을 당하긴 했지만, 일생을 일편단심으로 열심히 살아왔어. 잠시도 쉬지 않고, 지금꺼정 한눈 한 번 팔지 않고…… . 힘들었지마는 열심히 살았지. 그것을 이렇게 그린 거야."

지난 세월들이 주마등처럼 떠오르는지 할머니는 중간중간 힘을 주느라 평소보다 밀하는 속도가 느려지고 목소리의 톤이 조금 높아졌다. 할머니의 파르르 떨리는 목소리가 거실에 낭랑하게 울려퍼지며 남아 있던 웃음기를 말끔히 거둬갔다. 김 할머니의 진심은 다른 할머니들에게 그대로 전해지고도 남을 정도였다. 모두들 숙연해졌다.

김 할머니에게 붉은색과 푸른색은 태극을 나타내는 것으로, 조국을 상징하는 색깔이었다. 비록 조국이 소녀들을 보호해주지는 못했지만, 조국에 대한 할머니들의 사랑은 매우 컸다. 할머니들은 안타깝게도 일본군에게 당한 피해를 자신들의 박복함 탓으로 돌리곤 했다. 김 할머니도 그중 한 분이었다. 그리고 김 할머니 역시 일본군 성노예로서 겪은 공포와 불안과 우울의 감정들을 밖으로 분출하지 못하고 마음속 깊이 켜켜이 쌓아두었다. 결혼을 하고 아

이를 낳아 기르며 비교적 평탄한 삶을 살아온 김 할머니에게
도 그것은 피해갈 수 없는 운명이었다. 상처는 바쁘고 정
신없을 때는 좀 잊힌 듯하다가도 조금이라도 여유가
생기면 어김없이 찾아와 목을 졸라댔다. 한시도 가
만히 있지 않고 바쁘게 움직이는 것도 그런 고통을
잊기 위한 나름의 고육지책이었을 것이다.

할머니가 그린 〈일편단심〉은 마치 어린아이의
낙서처럼 보이지만 평생 해찰하지 않고 열심히
살아온 김 할머니의 삶을 잘 대변해주
었다. 그렇게 험한 일을 당하고도 버티
고 또 버티며 붉고 푸른 인생의 고비들
을 넘어온 삶이 여기 있노라고 할머니
의 그림 속 선들이 심장 박동처럼 팔딱
팔딱 살아 움직이는 것 같았다.

낯섦

강덕경 할머니는 이용수, 김순덕 두 할머니가 그림 그리는 모습을 지켜볼 뿐 선뜻 붓을 잡지 못했다. 미술 수업에 가장 적극적이던 강 할머니답지 않게 당황한 기색이 얼굴에 역력했다. 나는 이번 수업이 특히 평소에 자기 마음을 잘 표현하지 않는 강 할머니에게 매우 중요한 수업이 될 거라고 예상했다. 나는 미술 수업의 모범생인 강덕경 할머니가 새로운 수업을 적극적으로 받아들이며 그림을 통해 자신의 상처에 정면으로 맞서길 바랐기에 내심 강 할머니에게 큰 기대를 걸고 있었다. 그러나 나의 기대와 달리, 강 할머니는 심상 표현 첫 수업부터 거부감을 온몸으로 표현했다. 어쩌면 그동안 강 할머니는 사물을 그리면서 사람들로부터 칭찬과 인정을 충분히 받으며 자신감을 찾고 있었으므로, 굳이 새롭고 생소한 방법을 시도할 필요가 없었을지도 모른다. 할머니가 새로운 미술 수업을 반기지 않는 것도 이해가 되었다. 그렇다고 미술 수업에 주도적으로 참여해온 강 할머니를 빼고 수업을 진행할 수도 없는 노릇이어서, 새로운 수업은 좀 미뤄야 하나 싶어 당황스러웠다.

미술 선생의 얼굴에서 실망스러운 표정을 읽었는지, 강 할머니가 겨우 붓을 들었다. 분위기상 마지못해 그리는 그림이라는 것을 할머니도 나도 알고 있었다. 첫 그림은 이용수 할머니가 그린〈복잡한 세상살이〉를 모사하는 것으로 시작했다. 복잡한 세상살이를 실타래 꼬이듯 선들로 표현한 이 할머니의 그림에 강렬한 인상을 받은 것 같았다. 강 할머니의 그림은 이 할머니가 화려한 색을 선택한 것과 반대로 차분한 초록색과 푸른색을 사용해 그대로 따라 하는 것에 불과했다. 그러나 복잡한 선들을 그어대면서 새로운 생각이 떠올랐는지, 새 도화지를 펴고 다시 그림을 그리기 시작했다. 종이 위에 그린 날카롭고 삐죽삐죽한 선은 불편한 감정을 표현한 것이 분명했다. 할머니는 그 아래에 좋지 않은 감정을 분리하듯 구불구불한 여러 겹의 선을 그었다. 그리고 맨 아래에 병풍처럼 늘어선 깊은 산을 그린 후, 한가롭게 하늘을 나는 기러기도

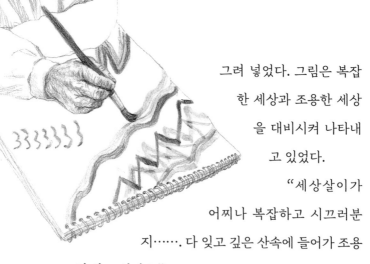

그려 넣었다. 그림은 복잡
한 세상과 조용한 세상
을 대비시켜 나타내
고 있었다.

"세상살이가
어찌나 복잡하고 시끄러분
지……. 다 잊고 깊은 산속에 들어가 조용
히 살고 싶어요."

그림에 대해 이야기하는 것도 어색한지, 강 할머니는 짧게 한
마디했다. 무엇이 복잡하고 시끄러운지 질문이 이어졌으나, 할머
니는 "일본도 그렇고……. 속이 시끄러워요"라고만 대답한 뒤 입
을 닫아버렸다. 강 할머니를 포함한 일본군 성노예제 피해자들은
증언만 하면 이 문제가 금방 해결될 줄 알았다. 그래서 평생을 숨
죽이며 살다가 모든 것을 걸고 세상으로 뛰쳐나왔지만, 일본군은
위안소를 운영한 사실이 없다고 발뺌하는 일본 정부를 상대로 또
다시 싸워야 한다는 사실을 깨닫고 있던 때였다. 부풀었던 희망
이 풍선 바람 빠지듯 급격히 꺼져들고 있었다. 무엇을 그려야 할
지 고심하던 강 할머니는 그 실망감을 '깊은 산속 기러기 떼'로 나

타내고 있었다.

　억지로 그린 그림이지만, 강 할머니가 자신의 이야기를 시작할 수 있어서 그나마 다행이었다. 그제야 강 할머니가 새로운 수업을 거부할까봐 조마조마하던 마음이 조금 놓였다. 익숙하지 않은 상황을 접하면 예민해지는 강 할머니에게는 새로운 수업을 받아들이기까지 시간이 필요해 보였다.

변화

심상 표현 수업은 미술 선생인 내가 할머니들보다 더 감동하고 많은 생각을 하게 된 수업이었다. 이용수 할머니가 과감하고 자신 있게 첫 시작을 열어준 힘이 컸다. 이 할머니가 그린 그림의 긍정적인 힘이 다른 할머니들에게 전해져 주저하던 마음을 일깨워주었다. 이 수업이야말로 앞으로 할머니들에게 꼭 필요한 수업이 되리라고 나는 확신했다. 그리고 무엇보다 수업의 구성원이 중요하다는 사실도 알게 되었다. 비슷한 상처를 가진 동병상련의 분위기가 서로에게 자극과 도움이 될 수 있다는 것을 깨달았다. 하지만 아직 마음을 열지 않은 강덕경 할머니가 적극적으로 수업에 참여할 수 있도록 좀 더 세심한 접근이 필요했다.

사실 나는 가장 모범생이던 강덕경 할머니가 심상 표현 수업에서 소극적인 모습을 보이는 것이 못내 아쉬웠다. 할머니에게는 새로운 작업에 대한 부담감 외에도 다른 이유가 있는 것 같았다. 아마도 평생 독신으로 살아온 강 할머니의 삶과 관련이 있을 것 같았다. 강한 자존심으로 무장한 채 타인에게 자신의 감정을 잘 드러내지 않으며 50여 년을 홀로 살아온 할머니에게 어느 날 갑자기 자신의 감정을 그림으로 표현해보라는 제안은 무척 당황스러웠을 것이다.

반면, 심상 표현 수업에서 가장 두각을 나타낸 이용수 할머니는 강 할머니와는 정반대로 어려워하지 않고 자신의 감정을 적극적으로 표현했다. 이 할머니의 성격은 그야말로 심상 표현 수업과 딱 맞아떨어졌다. 할머니는 물 만난 고기처럼 그림으로 과감하게 자신을 드러냈다.

심상 표현 수업은 데생에 자신이 없던 김순덕 할머니에게도 큰 용기를 주었다. 그동안 그림을 잘 그리는 강 할머니 그늘에 가려 항상 자신 없어 했던 김 할머니는 이 수업을 통해 잘 그려야 한다는 압박감에서 벗어날 수 있었다. 게다가 이용수 할머니의 그림이 같은 상처를 안고 있는 김 할머니의 심금을 건드려 인생을 반추하는 계기를 만들어주었다. 시종일관 집중해서 그린 〈일편단심〉을 계기로 김 할머니에게 작은 변화가 생겼다. 미술 수업에 앞서 항상 추임새처럼 하던 "소가 웃을 노릇이다"라는 말을 더 이상 하지 않고 진지하게 수업에 참여하게 된 것이다.

할머니들의 성격에 따라 심상 표현 수업을 받아들이는 태도도 각기 달랐지만, 그래도 첫 수업에 생각지도 못한 성과를 얻어, 나는 새로운 수업에 큰 기대를 걸면서 희망에 부풀었다. 그러나 커다란 발전 가능성을 보여준 이용수 할머니는 그림 몇 점만 남긴 채 다시 훌쩍 대구로 떠났고, 김순덕 할머니는 무엇을 그려야 할지 어려워했고, 강덕경 할머니는 주변의 사물들만 그렸기 때문에 미술 수업은 다시 예전으로 돌아가고 말았다.

그런 상태로 몇 주가 지난 후, 다시 수업 시간이 돌아왔다. 나눔의 집에 도착하니 이상하게 분위기가 싸늘했다. 할머니들은 아침 뉴스를 듣고 단단히 화가 나 있었다. 일본군은 조선 처녀들을 강제로 끌고 간 적이 없다는 일본 정부의 입장 발표가 또 나왔다고 했다. 본인들이 이렇게 시퍼렇게 살아서 증언을 하고 있는데도 꿈쩍도 하지 않는 일본 정부의 태도에 할머니들은 또 한 번 상처를 받았다. 그런 상태로는 수업 진행이 어려웠다. 나는 수업을 미루고 할머니들의 이야기를 들어드렸다. 시간이 좀 흐른 뒤, 할머니들에게 지금의 분노를 그림으로 표현할 수 있는지 조심스럽게 물어보았다. 할머니들은 기분이 상해 못하겠다고 했다. 그 마음이 십분 이해가 되었기에 오늘 같은 날은 수업을 하기 힘들겠다고 생각했다.

그런데 미술 선생 보기가 좀 미안했던지 강덕경 할머니가 혼자 붓을 들고 그림 그릴 준비를 했다. 골똘히 생각을 하던 할머니가 비가 내리는 그림을 그리기 시작했다. 그림 속 빗줄기는 중력을 거부하듯 아래에서 위로 솟구치는 듯한 모양이었다. 할머니는 이런 표현 방식이 어색한 듯 잠시 머뭇거리더니 다시 힘을 주어 세게 터치했다. 빗줄기 사이에 붉은 점들이 쿡쿡 찍혔다. 그림 하단에는 강이 흘렀다. 그 위로 붉은 상처들이 비와 함께 내렸다. 그러나 푸른 강 위로 떨어진 붉은 피는 강물과 섞이지 않고 흐르고 있었다. 그림을 다 그린 할머니가 연필로 '속상해 죽겠어요'라고 제목을 썼다. 나는 그 모습을 바라보며 오늘이 강 할머니가 심상 표현을 받아들일 중요한 날이 되겠구나 하고 생각했다.

"이 붉은 점들은 화가 난 것을 그린 거예요. 이것이 뚝뚝 떨어져 강물로 흘러내리는데, 너무 많아 강물과 섞이지 않고 강물 위에서 흘러가고 있어요."

강 할머니는 화가 나는 감정을 이야기했다. 속도감 있는 붓 터치와 붉은 상처로 분노의 감정을 나타내고 있었지만, 사선으로 열을 맞춰 규칙적으로 늘어선 선들이 아직까지는 감정을 제대로 발산하지 못하고 있었다. 물감이 마르기를 기다리던 할머니는 이어서 도화지 위에 허공이 찢어진 듯한 검은 상처를 그렸다. 상처의 갈라진 틈 사이로 피가 솟구쳤다. 세찬 붓 자국들은 옅은 분홍색

못다 핀 꽃

에서 붉은색으로, 그리고 검붉은 색으로 부채를 펼치듯 점점 진해졌다. 지금껏 할머니에게서 보지 못한 과감한 색깔과 터치였다. 단단한 옥수수 알갱이가 뜨거운 열을 참지 못하고 하얀 꽃처럼 피어오르듯, 과감한 터치가 내면으로부터 터져나왔다. 나는 그림을 그리는 강 할머니를 바라보았다. 할머니의 눈빛이 예전처럼 빛나고 있었다. 할머니는 잠시 숨을 고른 뒤, 검은 상처에서 피가 흘러 강으로 뚝뚝 떨어지게 했다. 이번 그림에서도 역시 핏방울들은 물과 섞이지 않고 강을 이루며 도도히 흘러갔다. 강물은 시간을 의미했다. 피와 물이 섞이지 않고 흐르는 강은 세월이 아무리 흘러도 과거의 상처는 영원히 지속된다는 것을 뜻했다.

"와, 할머니, 터치가 너무 멋져요."

할머니 그림의 변화에 절로 감탄이 터져나왔다. 달라진 그림 표현이 할머니에게는 어떻게 느껴지는지 너무 궁금해서 할머니의 반응을 살필 여유도 없이 질문부터 했다.

"아직도 그림을 시작할 때 좀 어색하고 어려운데, 오늘은 뉴스 때문에 화가 나서 터치를 세게 해보고 싶었어요. 그런데 이렇게 하니까 속이 좀 시원해지네."

강 할머니는 미술 수업 초기부터 세심하고 꼼꼼하게 그림을 그

려왔기 때문에, 선을 과감하게 쓰거나 그림으로 감정을 표현하지 못하고 얌전히 가둬놓았다. 그러나 이번 그림에서는 과감한 붓 터치를 통해 자신의 감정을 추상적으로 나타낼 수 있었다. 심상 표현을 부담스러워했던 강 할머니가 이 그림을 계기로 미술적으로 한 단계 발전한 것이다. 예상치 못한 일이지만 일본 정부의 망언이 기폭제가 되어 할머니는 분노를 그림으로 투영할 수 있었다. 나는 새로운 기대가 생겼다. 앞으로 강 할머니가 다양한 기법으로 그림을 그리면서 자신의 감정을 드러낼 수 있을 것 같았다. 그리고 바로 지금이 할머니가 삶에서든 그림에서든 모든 면에서 긴장을 내려놓고 스스로에게 자유를 허용해야 할 시기라는 생각이 들었다. 할머니가 돌처럼 꼼짝하지 않던 발을 내디뎌 한 걸음 앞으로 나아가는 것이 느껴졌다.

"그런데 할머니, 분노의 표현이 마치 꽃이 핀 것처럼 너무 예쁜 거 아니에요?"

할머니의 마음이 좀 풀린 것 같아 농담을 건네니, 할머니는 살짝 눈을 흘기고는 웃음을 참으며 그림 밑에 제목을 달았다. '심술쟁이 우리 선생'이라고 써놓고는 싱글싱글 웃으며 내 표정을 살폈다.

"으으, 할머니, 이 중요한 그림에 제목이 그게 뭐예요?"

울상을 짓는 나를 보고 강 할머니는 얼굴에 주름을 만들며 크크 크 소리 내어 웃었다.

고향

　　결국 미술 수업에는 김순덕 할머니, 강덕경 할머니 두 분만 남았다. 심상 표현 수업 이후 의미 있는 변화가 있었지만, 이후 할머니들이 자발적으로 자신을 표현하는 그림은 쉽게 나오지 않았다. 강 할머니는 〈속상해 죽겠어요〉와 〈심술쟁이 우리 선생〉을 그려 낸 뒤 심상 표현 수업의 부담을 줄일 수 있었지만, 할머니 혼자 사물을 그리며 행복해하는 시간이 계속 이어지면서 내가 계획한 수업은 진행이 더뎠다. 김 할머니는 〈일편단심〉을 그리며 자신의 일생을 되돌아보는 특별한 경험을 했지만, 그림 그리기에 자신감이 생긴 것은 아니었다. 독립적인 강 할머니와 달리, 김 할머니는 의존적인 성격이어서 항상 옆에서 대화를 하며 지도해야 했다. 김 할머니에게는 구체적인 소재가 필요했다. 그래서 생각만 해도 마음이 편해지고 좋은 것이 무엇인지 떠올려보고, 그것을 그림으로 그려보자고 제안했다. 할머니는 하늘과 땅, 해, 구름, 갈매기, 밭, 개 두 마리 등을 나열하며 도식화된 그림을 그렸다. 나는 그것이 김 할머니의 마음속에 각인된 고향의 원형이라는 사실을 깨달았고, 고향이 할머니가 그림으로 표현할 수 있는 중요한 주제가 될 수 있겠다고 생각했다.

사람은 누구나 어머니를 통한 생물학적 탄생 이후 고향이라는 지리적 바탕 위에서 성장한다. 그래서 고향과 어머니는 원초적인 그리움과 정이 사무친 대상이다. 하지만 일본군 성노예제 피해자들에게 고향은 보통 사람들과는 다른 슬픈 사연이 시작된 곳일 가능성이 컸으므로, 할머니들이 이 주제를 어떻게 표현할지 궁금하면서도 조심스러웠다.

미술 수업 시간이 돌아왔다. 어릴 적 고향과 가족을 그려보자는 제안에, 두 할머니는 각자 고향을 향해 달려가듯 두 눈을 껌벅거렸다. 먼저 강 할머니가 대나무를 그리기 시작했다. 평소 사실적인 표현에 대한 탐구심이 강한 할머니답게 대나무에 깊은 관심을 나타내며 대나무 잎을 어떻게 표현해야 할지 궁금해했다. 대나무숲이 완성되자 그 앞을 휘돌아 흐르는 강물을 그리고, 오른쪽 위에는 계단이 있는 조그만 정자를 그렸다. 할머니는 대나무의 묘사와 원근법에 신경을 쓰며 그림을 마무리했다.

"내 고향은 진주예요. 대나무가 길이 안 보일 정도로 우거져 있었지요. 이 강은 남강이고, 이 다리를 건너면 저기 촉석루에 오르는 길이 있어요. 요 앞에서 논개가 강물에 떨어져 죽었어요."

강 할머니가 잠시 숨을 고르는 사이, 그림을 그리던 김 할머니가 말꼬리를 낚아채며 아는 체를 했다.

"아, 그 유명한 기생 논개 말이지? 왜놈들 대장을 끌어안고 떨어져 죽었다는?"

김 할머니가 신이 나서 설명을 하기에 내가 거들었다.

"할머니 잘 아시네요?"

"아, 그럼, 조선 사람이면 다 알아야지. 내가 학교는 안 다녔어도 그 정도는 알아."

김 할머니는 밝게 이야기했다. 논개 이야기에 고무된 강 할머니가 고향 진주에 대한 애정을 드러냈다. 논개가 적장을 놓치지 않으려고 손에 가락지를 몇 개 꼈다느니, 사람의 목숨은 하나뿐인데 적장을 죽이려고 자신의 목숨까지 바친 것은 보통 결심이 아니라느니 하며 논개에 대한 이야기를 이어갔다.

그러나 강 할머니가 고향이라는 주제를 통해 개인사를 표현하길 바랐던 나는 조금 아쉬웠다. 나의 기대와 달리, 할머니의 그림에는 고향의 지리적 정보만 담겨 있을 뿐 할머니의 개인사는 없었다. 강 할머니는 많고 많았을 어린 시절의 기억 중 가족이 아닌 대나무를 선택한 것이다. 하늘 높이 수직으로 쭉쭉 뻗은 대나무는 강직하고 남성적 기품이 느껴지는 소재이다. 사시사철 푸르고, 특히 겨울 추위에도 푸른 잎을 지녀서 의지를 굽히지 않는 고결한 군자의 인품에 비유되며 변함없는 절개와 지조의 상징으로 조선 선비들의 사랑을 받았다.

어쩌면 강 할머니는 어릴 적 자신의 고향과 가족에 대해 다른 사람들에게 알리고 싶지 않거나 외면하고 싶은 사정이 있는지도 몰랐다. 그래서 자신과 직접적으로 상관없는 대나무, 남강, 촉석루 같은 그림을 대신 그렸을 것이다. 하지만 다른 한편으로 생각하면, 강 할머니가 절개와 지조를 상징하는 대나무와 논개를 떠올렸다는 것은 의미심장했다. 할머니는 자신을 방어하기 위해 선택한 그 소재들을 통해 뭔가를 이야기하고 싶었을 수도 있다. 과거 자신을 손가락질하던 고향 사람들에게, 일본군 성노예로 끌려간 것은 자신의 잘못이 아니라고, 그리고 지금이라도 그 배후를 명확히 가려내야 한다고 논개와 같은 기백으로 말하고 싶었는지도 모를 일이다. 천시받는 기생이었지만 나라를 위해 의로운 죽음을 택한 논개를 역사가 기리는 것처럼, 할머니도 수요시위에 참석하기 위해 일본대사관 앞에 갈 때마다 논개의 기개를 생각했을 수도 있다. 할머니가 처음 수요시위에 참석한 이래 대나무의 단단한 의지를 보여주듯 비가 오나 눈이 오나 굳게 닫힌 일본대사관 철문 앞에 서서 강단 있게 외치는 모습을 보면, 할머니는 대나무가 있는 '고향'을 그림으로써 자신의 굳은 의지를 표현하고 싶었던 듯하다.

　나는 강 할머니에게 어릴 적 살던 집과 가족을 그려보자고 했다. 집을 그림으로써 할머니의 어린 시절 가정생활이나 어머니에 대한 느낌이 드러날지도 모른다는 기대 때문이었다. 할머니는 초가집과 집 앞의 나무를 정성껏 그린 후, 멀리 큰 산을 그렸다. 그

리고 집 옆으로 난 길을 그리더니, 눈 내리는 풍경을 그리고 싶은
데 망칠까봐 붓으로 눈을 찍기가 어렵다고 했다. 나는 화장실에
굴러다니는 빗과 칫솔을 가지고 왔다. 흰색 물감을 칫솔에 묻혀
빗에 문지르면 그림 위에 눈이 내린다고 설명하니, 강 할머니는
신기하다는 듯 어린아이처럼 웃으며 빗에 칫솔을 문질렀다. 하늘
에서 쌀가루 같은 진눈깨비가 내렸다. 흰색 물감을 칫솔에 더 많
이 찍고 빗에 더 세게 문지르면 함박눈이 내린다고 말했지만, 이
만하면 됐다며 그림을 마무리했다. 강 할머니는 성격상 무엇이든
처음에는 조심스러워했다.

"옛날에 외할머니하고 나하고 둘이서만 살았어요. 여기 댓돌
에 내 신발하고 할머니 신발이 있고, 장독도 있었지. 집 뒤엔 벌통
도 있었고. 요 앞은 가축들이 있던 곳이에요. 사는 형편은 괜찮았
어요."

할머니는 아득하게 떠오르는 옛 정경을 놓칠세라 맑고 또렷
한 눈빛으로 하나하나 짚어가며 설명했다. 그림 하단 중앙에
지붕에 눈이 한가득 쌓인 집 한 채가 덩그러니 자리
잡고 있었다. 그 아래에는 강하고 화려한 터치로 나무
들을 그려놓아, 마치 집이 나무 뒤에 숨어 있는 것 같았

못다 핀 꽃

다. 강 할머니는 이번에도 나무를 그려 자신의 강한 신념과 의지를 나타냈지만, 황량한 겨울 풍경 속 나무들은 오히려 외롭게 느껴졌다. 문고리가 없는 초가집은 외부와 차단된 느낌이 들고, 겨울임에도 굴뚝이 보이지 않아서 외로움을 더했다. 길은 세상과 연결되기를 원치 않는 듯 집 옆으로 비켜나, 병풍처럼 펼쳐진 산과 길게 이어져 있었다. 그나마 댓돌 위에 놓인 신발 두 켤레가 외로운 그림에 온기를 불어넣었다.

강덕경 할머니의 이야기에 따르면, 나라를 빼앗겨 모두 어렵던 시절 어린 덕경의 외할머니는 땅을 가지고 있어 다행히 사는 데 부족함이 없었고, 남다른 교육열로 덕경을 학교에 보냈다고 한다. 그 시절 고등교육을 받을 수 있었던 여학생은 극소수였다. 아버지가 안 계셨고 외할머니와 살았다는 이야기를 고려해볼 때, 덕경의 어린 시절은 가부장적 분위기에서 어느 정도 비켜나 있었고 형제간의 차별 같은 것도 없이 외동으로 귀하게 자랐다는 것을 알

수 있었다. 그것은 강 할머니가 평생 동안 지켜온 자존감의 기초
가 되었고, 할머니는 그것을 나무의 활기찬 모습으로 자주 표현했
다. 하지만 아버지가 일찍 돌아가시고 어머니가 재가한 탓에 덕경
은 쓸쓸하고 외로운 어린 시절을 보냈다. 외할머니의 보살핌이 있
었지만, 부모를 완벽하게 대신해줄 수는 없었다. 그렇게 외로움
은 운명처럼 시작되었다. 그래서 강 할머니가 그린 고향집 그림은
전체적으로 조용하고 외로우면서도 조금 방어적이고 독립적이었
다. 강 할머니의 고향집 그림은 두 번으로 끝이 났다. 고향을 외면
하는 사정이 있는지, 할머니는 고향에 대해 더 이상 깊이 다루고
싶어 하지 않았다.

반면, 김순덕 할머니에게 '고향'은 특별한 주제였다. 어릴 적 고
향을 그리는 일은 할머니의 그림이 발전하는 데 중요한 계기가 되
었다. 하지만 강 할머니처럼 김 할머니도 고향에 대한 이야기를
모두 표현하지는 않았다.

김 할머니가 파란색 물감으로 도화지 맨 위에 직사각형의 하늘
을 그리고, 아래에는 갈색의 네모난 땅덩어리를 그렸다. 그리고
하늘 바로 밑에 새를, 한가운데에 대나무 잎과 뿌리를 그린 다음,
왼쪽에는 벌통을, 오른쪽에는 사람을 그렸다. 매우 단순하게 그려

진 그 그림은 공간에 대한 인식이 아
직 없는 어린아이의 그림처럼 원근법
을 무시한 것으로, 상징성을 중시하
는 이집트 미술과 닮아 있었다.

"옛날 우리 집에도 벌통이 있었
고, 집 뒤에 대나무도 있었지. 저 멀
리 하늘에는 새들이 날고."

"행님, 하늘이랑 땅이 왜 길쭉
한 네모처럼 생겼어요? 새도 파
란 하늘 속에서 날아야지 하늘 밑에서 날고 있고."

강 할머니가 묻자, 김 할머니는 "왜? 하늘이랑 땅이 그렇게 생
겼잖아. 이상한가? 내가 틀렸나?" 하며 갑자기 소심해졌다.

"그림에 틀린 게 어디 있어요? 재미있기만 한데요 뭐. 할머니,
그런데 왜 소녀가 뒷모습이에요?"

"아, 그건 내가 훨훨 나는 갈매기들을 쳐다보고 있어서 그렇게
그렸지."

할머니는 대수롭지 않게 대답했다.

그림에서 소녀가 쳐다보는 곳에는 정말 갈매기가 있었다. 김순

덕 할머니가 실제로 갈매기를 본 것은 열일곱 살 때였다. 어린 순덕은 일본 공장에 돈 벌러 가기 위해 고향을 떠나기 전까지 경남 의령 지리산 산골에서 살았다. 바다라고는 한 번도 본 적이 없던 순덕은 바다 위를 나는 갈매기가 신기하기만 했다. 그때 본 갈매기의 모습이 어린 순덕의 마음속에 깊이 새겨졌을 것이다. 이 그림은 고향을 주제로 한 그림이긴 하지만, 단순히 어린 시절의 고향을 표현했다기보다는, 일본군 성노예로 끌려갔다가 귀국한 순덕이 차마 돌아갈 수 없었던 고향을 소녀의 뒷모습과 갈매기에 빗대어 나타낸 것은 아닐까 싶었다. 나는 그림 속 소녀가 신경 쓰였다. 팔다리가 없는 데다 뒷모습을 보이고 있어서 부정적인 느낌을 주었다. 물론 김 할머니는 인물을 그리는 데 자신 없어 했지만, 그 때문은 아닌 것 같았다. 특히 그림 중앙에 잎사귀와 줄기의 마디, 뿌리까지 자세히 묘사한 나무와 비교해보았을 때 소녀의 뒷모습만 그린 데에는 어떤 의도가 있을 것 같았다. 하지만 할머니는 왜 소녀를 뒷모습으로 그렸는지 제대로 설명하지 못했다. 단지 인물 표현이 서툰 것인지, 아니면 자유를 박탈당한 무력감을 팔다리가 없는 뒷모습으로 그린 것인지 확실하게 판단하기 어려웠다.

강 할머니와 마찬가지로 어릴 적 살던 집과 가족을 그려보자고 하자, 김 할머니는 〈옛날에 우리 집〉을 그렸다. 집이 도화지 한가운데에 자리 잡고 산과 나무 들이 병풍처럼 둘러싸고 있어서 안전하게 보호받는 한 느낌을 주었다. 여전히 그림에 자신감이 없어 보였지만, 앞선 그림보다 공간에 대한 이해가 높아졌고 표현과 묘사도 한층 좋아졌다. 그러나 이 그림에도 사람 사는 흔적은 없었다.

김 할머니의 이야기에 따르면, 할머니에게는 부모님과 여러 형제자매가 있었다. 지리산 자락에 살면서, 아버지가 담배 농사를 짓고 어머니는 산나물과 버섯을 캐어 살림을 꾸려갔다. 아버지가 계실 때만 해도 형편이 그렇게 어렵지는 않았다. 그런데 불행은 어느 날 갑자기 닥쳐왔다. 긴 칼을 찬 일본 순사들이 대문을 열고 들이닥쳤을 때, 온 가족은 그 시퍼런 서슬에 벌벌 떨었다. 순사들은 공출을 제대로 하지 않고 담뱃잎을 숨겼다며 아버지를 끌고 갔다. 며칠 만에 아버지는 고문으로 만신창이가 되어 집으로 돌아왔고, 결국 얼마 안 돼 고문 후유증으로 돌아가셨다. 그후 가세가 기울고 가난에 허덕이다 가족들이 뿔뿔이 흩어졌다. 어린 순덕도 남의집살이를 하게 되었다. 이런 처지에 있던 순덕에게 공장에 취직시켜준다는 말은 무너진 하늘에서 솟아난 구멍처럼 느껴졌다. 그렇게 순덕은 돈을 벌기 위해 수많은 조선 처녀와 함께 배를 탔다.

김 할머니는 불행이 시작된 그 시점을 지워버리고 싶은 듯, 가족들을 그림에 그리는 것을 꺼렸다. 대신 동물들을 그렸다. 병아리 두 마리를 품고 있는 어미 닭이 어머니로, 멀찍이 돌아다니는 강아지가 아버지로 보였다.

"우리 집 뒤에는 벌통이 있었고 나무도 많았지. 산속에서 살았으니까. 닭도 있고 강아지도 있었어. 노란 뼁아리가 어미 날개 밑에 숨어 있다가 나오기도 했어. 어미 닭이 알을 쏙 낳아놓으면 그것이 또 그렇게 기특했지. 옛날에는 달걀이 진짜 귀했어, 지금은 흔해도. 요 앞에는 강아지가 천지를 모르고 뛰어댕겼지."

김 할머니는 귀여운 동물들 이야기를 할 때 얼굴에 웃음이 가득했다.

김 할머니에게 닭은 단골 그림 소재이고 특별한 존재였다. 처음에는 평생 알만 낳다가, 죽어서도 사람들에게 온몸을 바치는 닭의 희생에 측은지심을 느끼는 듯했다. 그런데 그림을 그리던 어느 날, 할머니는 어린 시절 가난했던 가족에게 보탬이 된 고마운 닭의 일생이 한평생 노동에 시달린 자신의 삶과 별반 다르지 않다는 것을 깨닫고부터 닭과 자신을 동일시하기에 이르렀다. 이후 김 할머니는 자신을 닭에 비유한 듯한 그림을 자주 그렸다. 부지런히 움직이는 닭의 특성이 자신과 닮았음을 강조하기도 했다. 닭은 할머니의 그림 속으로 들어갔고, 병아리 두 마리를 따뜻하게 품은 어미 닭의 모습으로 도화지 위에 자주 나타났다. 나는 그것이 할머니가 마음속 깊이 간직한 가족에 대한 무의식적인 표현임을 곧 알게 되었다. 할머니는 일본군 성노예로 끌려갔었던 사실을 숨기고 재취 자리에 시집가 아이 셋을 낳았으나 전쟁 통에 어린 딸을 잃고 아들 둘을 키웠다. 성노예로 고초를 겪고 전쟁의 공포에서 살아남은 할머니에게 자신이 낳은 두 아들에 대한 애착은 절대적일 수밖에 없었다. 어미 닭이 병아리 두 마리를 품고 있는 그림은 그냥 닭 그림이 아니었다. 동물로 표현한 그 가족 그림은 할머니 자신의 어린 시절 가족이 아니라 할머니가 마음속에 항상 간직하고 있는, 할머니 자신이 이룬 가족을 그린 그림 같았다.

강 할머니도 김 할머니도 고향과 순수했던 어린 시절을 그림을 통해 아름답게 갈망했지만, 가장 가까운 가족은 그 안에 그리지 못했다. 가족이나 고향 사람들과 어떤 문제가 있었고, 지금껏 그 문제를 풀지 못하고 회피하며 살아온 탓일 가능성이 컸다. 그러니 세월이 많이 지났다 하더라도 어린 시절의 가족들 그림을 그려보자는 내 제안이 썩 내키지 않을 수도 있었다. 할머니들이 뭔가를 들키기라도 할 듯 외면하는 것은 어찌 보면 당연했다. 할머니들이 꺼내기 싫어하는 예민한 문제들에 어떻게 접근할지 고민이 앞섰다. 하지만 내가 할 수 있는 일은 많지 않았다. 언젠가는 할머니들이 스스로 자신의 이야기를 그릴 수 있을 거라 생각하며 느긋하게 기다리는 수밖에.

몇 주가 흐른 뒤, 나는 할머니들에게 좀 더 적극적인 주제를 던졌다. '두려움'을 주제로 그림을 그려보자고 했다. 그러자 강덕경 할머니는 자신의 이야기를 피해 아예 다른 그림을 그렸고, 김순덕 할머니는 또 하나의 집을 그렸다.

"이것은 언니 집에 숨어 있을 때를 그린 것인데, 전쟁 통에 또 끌려갈까봐 무서워서 집 안에 숨어 있는 거야. 어찌나 무섭던 지……. 아이고, 그냥 오금이 저리고 머리가 쭈뼛쭈뼛 서고 했지."

　이야기를 하는 김 할머니의 얼굴이 경직되었다. 그림에는 할머니의 두려운 마음이 그대로 표현되었다. 출입하는 문을 아예 그리지 않음으로써 외부로부터 타인이 접근하지 못하게 했다. 작은 창문에도 격자무늬 창살을 그려 넣어 창문을 통해 사람이 들어올 수 없게 했다. 대나무들이 집을 둘러싼 채 경호하고 있지만, 뿌리가 드러나 있어 불안한 마음이 엿보였다. 외부에서 집으로 이르는 길은 집에 쉽게 접근하지 못하도록 뒤쪽으로 멀리 거리를 두고 그려 넣었다. 두려움에 떨고 있는 자매에게 팔이 없는 것은 급박한 상황에 적절하게 대처하지 못하는 위축감을 나타냈다. 김 할머니는

여전히 인물을 아동화처럼 그렸다. 성(性)을 알 수 없고, 이목구비
도 없고, 머리카락은 두려움에 위로 쭈뼛쭈뼛 뻗쳐 있고, 팔이 없
는 모습이었다. 일종의 퇴행 상태로, 두려움 때문에 어린아이의
불안한 마음으로 돌아갔음을 의미했다.

나쁜 손

언젠가부터 강덕경 할머니가 숙제로 그려오는 그림이 달라졌다. 주변 사물을 그린 것이 아닌 다른 그림들을 보여주기 시작했다. 나는 마음이 벅찼다. 강 할머니가 새로운 미술 수업을 진심으로 받아들이고 있다고 느껴졌기 때문이다. 예전 그림에서는 볼 수 없었던, 할머니 인생에서 의미 있는 구체적 상징들이 드러났다.

그림에는 누런색의 커다란 손이 결박되어 있었다. 그 손 위에 작은 새가 앉아 손등을 쪼며 상처를 내고 있었다. 그림의 배경을 이루는 붉은 하늘에는 감정을 실어 빠르게 칠한 잿빛 터치들이 섞여 있었다.

"이 작은 새는 나예요. 새가 괴롭고 외로워서 손을 쪼아대는 거야……."

할머니는 말끝을 흐렸다.

"할머니, 지난번 〈깊은 산속 기러기 떼〉에서도 새를 그리시더니, 이번에는 작은 새가 주인공이네요. 새를 좋아하세요?"

"파란 하늘을 훨훨 날아다니는 걸 보면 기분이 좋아져."

할머니들은 유난히 새를 좋아했다. 자유를 박탈당한 채 위안소에 붙잡혀 있던 어린 소녀들은 하늘을 나는 새를 보며 자유를 갈망했을 것이다. 일본군의 성노예로 잡혀 있던 시절 작은 새가 되고 싶었던 할머니의 소원이 종이 위에 새겨졌다. 그러나 훨훨 날아야 할 새가 날개를 접고 커다란 손 위에 내려앉아 상처를 내며 공격하고 있었다. 그림을 설명하면서 말을 아끼는 할머니의 표정이 조금 이상했다. 나는 그림에 그려진 커다란 손이 일본군의 손임을 알아차렸다. 그때까지만 해도 할머니는 미술 수업에서 '일본군'이라는 단어를 입 밖으로 꺼내지 못했다. '외로움'이라는 제목의 이 그림은 강 할머니가 최초로 일본군을 표현한 그림이었으나, 할머니는 아직 그 사실을 언어로 표현하지 못하고 있었다.

시간이 흐를수록 할머니는 혼자서도 새로운 기법을 실험하며 자신의 생각을 좀 더 자유롭게 그림으로 나타냈다. 다음 수업 시간이 돌아왔을 때, 할머니는 심상 표현에서 제일 중요한 그림을 그려놓고 기다리고 있었다.

"미술 선생, 그냥 내 마음대로 그려본 건데……" 하며 그림을 내놓더니, 내 눈치를 살피셨다.

"와, 할머니! 이건 정말정말 멋지네요."

나는 드디어 기다리던 때가 왔다는 것을 느꼈다. 할머니 마음속에 갇혀 있던 이야기가 그림을 통해 밖으로 나오고 있었다.

"할머니, 여기 소녀를 붙잡고 있는 붉은 형체, 이건 뭐예요?"

"귀신이 어깨에 들러붙어 안 떨어진다는 이야기가 있잖아. 나쁜 악귀지."

할머니 목소리가 조금 높아졌다.

"소녀를 둘러싼 이 보라색 좀 보세요! 소녀의 불안한 마음이 너무 잘 느껴져요. 어떻게 이런 색을 쓸 생각을 하셨어요? 정말정말 멋져요, 할머니!"

미술 선생의 호들갑스러운 칭찬에 강 할머니는 미소를 지었다.

그림 속 소녀는 붉은 악귀에 붙잡혀 서지도 눕지도 못한 채 기우뚱하게 서 있었다. 한복을 입은 뒷모습으로 보아, 소녀는 귀신을 정면으로 안고 있는 형국이었다. 놀라고 불안한 마음이 회보라색이 되어 소녀를 감싸고 있었다. 떼어내고 떼어내도 영원히 달라붙어 있는 붉은 악귀는 할머니의 삶을 송두리째 망쳐버린 일본군의 망령이었다. 의미심장하게도 그 악귀의 모양은 남성의 성기를 닮아 있었다. 소녀 위에 그려진 무지개는 할머니의 인생을 나타내면서 한편으로는 여성 성기의 곡선을 연상시켰다. 무지개 중간에 있는 × 모양의 붉은 상처들은 일본군에게 입은 상처를 뜻했다. 묘하게도 그림은 남성이 여성을 공격하는 형상으로 비치면서 강 할머니가 성노예였던 자신의 처지를 무의식적으로 표현한 것처럼 보였다. 할머니의 발전이 매번 놀라웠다. 이 그림이 중요한

의미를 가지는 것은, 강 할머니가 스스로 일본군 성노예제 문제를 본격적으로 표현하기 시작한 그림이자 미술적으로도 자신의 세계를 멋지게 표현하며 과감한 발전을 이룬 그림이기 때문이다. 나는 그동안의 노력이 길을 잃지 않고 목표를 향해 제대로 가고 있음을 느꼈다.

수업이 끝나고, 나는 할머니의 스케치북을 구경했다. 전에 할머니가 그린 손 그림을 펼치고 슬쩍 물어보았다.

"할머니, 이 커다란 손이 붉은 악귀의 손이에요?"

"그렇지. 나쁜 손이야, 나쁜 손."

팔레트와 붓을 정리하던 할머니가 고개를 끄덕이며 힘주어 말했다.

심상 표현을 시작할 때 예상했던 대로, 이 수업은 강 할머니에게 꼭 필요하고 중요한 과정이었다. 그동안 다양한 기법들을 배우고 무엇을 그릴지 목표가 분명해지자 초기에 떨리던 선이나 애매한 붓 터치가 정확하고 자유로워졌다. 강 할머니는 심상 표현을 통해 자신의 내면을 향해 한 발짝 다가가고 있었다.

뒷모습

김순덕 할머니는 가난했지만 그리운 어린 시절과 고향을 그리면서 자신만의 소박하고 진지한 선을 만들어가고 있었다. 할머니가 '두려움'이라는 주제를 그림으로 그려낸 후, 나는 용기가 생겨 적극적으로 주제들을 제시하기 시작했다.

"할머니, 지금까지 살면서 엄청난 일을 많이 겪고 고생도 많이 하셨죠?"

"아이고, 말도 말어. 고생이란 고생은 쎄가 빠지도록 했어."

"그럼 그 많은 일 중 가장 놀랐던 것 하나를 그려볼까요?"

김 할머니는 잠시 눈을 감고 깊은 생각에 잠겼다가, 눈을 뜨고 대답했다.

"그런데 미술 선생, 그러려면 내가 사람을 많이많이 그려야 하는데 사람을 잘 못 그리잖어."

할머니는 얼굴 가득 걱정스러운 표정을 지었다.

"할머니, 잘 그리고 못 그리고는 중요하지 않아요. 그냥 점 하나 꾹 찍어놓고 '이게 사람이야' 하면 사람이 될 수 있어요. 〈일편단심〉에서도 잘하셨잖아요."

할머니는 내 말에 용기를 얻어 바로 그림을 그리기 시작했다. 도화지 하단에 큰 붓으로 팥죽 같은 갈색 덩어리를 짙게 칠하고는, 눈썹을 치켜세우고 인상을 찌푸리더니 숨을 깊이 내뱉었다. 그러고는 잠시 후 상단에 검은색 물감으로 비정형의 길쭉한 배 모양을 그렸다.

"아이고, 나 원 참, 배라고 그렸는데 배 같지가 않어."

할머니가 난처한 표정을 지었다.

"여기 가운데 길쭉한 선이 돛 아니에요? 저는 딱 봐도 배 같은데요?"

할머니는 배를 알아보는 미술 선생이 신기하다는 듯 고개를 갸웃거리더니, 이번에는 검은 물감으로 배에서 내리는 사람들을 그렸다.

"여기서 이렇게이렇게 걸어 내려가는 거여."

할머니는 그림으로는 부족해 보이는 부분을 직접 동작을 해보이며 설명했다. 그러고는 나머지 여백을 붉은 갈색으로 칠하고, 그 위에 번데기 같기도 하고 눈사람 같기도 한 형상을 종이가 가득 차도록 그려 넣기 시작했다. 할머니는 갑자기 말이 없어지고 얼굴에서 웃음기도 사라졌다. 조금 전까지만 해도 그림의 잘못된 부분을 스스로 판단하며 말과 행동으로 보완하려 했던 할머니가 이제는 말 한마디 없이 그림만 그리고 있었다. 〈일편단심〉을 그릴 때처럼 어떤 기운에 사로잡힌 듯, 할머니의 눈빛이 심각해졌다. 평소 미술 수업 같았으면 벌써 몇 번이나 도움을 청했을 텐데, 오늘은 그러지 않았다. 나는 오늘 중요한 그림이 또 하나 나오겠구나 하고 기대했다.

"저 위에 있는 것이 엄청 큰 배야. 태어나서 그렇게 큰 배는 처음 봤지. 어디로 가는 줄도 모리고 몇 날을 깜깜한 배 밑에 있었어. 산속에서만 살다가 처음으로 배를 타니께 뱃멀미가 심해 제대로 먹은 것도 없는데 다 토하고 힘이 하나도 없어서 죽은 사람처럼 축 늘어져 있었어. 다른 사람들도 대부분 비슷했지. 얼매나 갔는지 모르겠는데, 어느 날 다 나오래. 어딘지도 모르고 앞 사람을 쭉 쫓아 나갔지. 나래비를 서서……. 여자들이 진짜 많았어. 다른

사람들한테 여기가 어디냐고 물으니까 중국 상해(상하이)라대?
그런데 나가보니 그 밑이 바다인데 색깔이 영 이상해. '어째 파랗
지 않고 불그죽죽하지?' 하고 자세히 보니까 그 밑에 사람들이 죽
어서 쌓여가지고……. 얼매나 많이 죽었는지 바닷물이 다 핏물로
변해서 뻘게. 아이고, 무시라……. 사람이 그렇게 많이 죽은 거는
처음 봤어."

　김 할머니는 바로 어제 일처럼 기억이 생생하게 떠오르는지 떨
리는 목소리로 두 손을 허공에 휘저으며 이야기했다. 할머니의 이
야기에 놀라긴 나도 마찬가지였다. 그동안 할머니가 그린 그림들
은 대부분 어린 시절 노닐던 고향의 자연을 그리워하며 그린 것이
었기 때문에, 이렇게 마음속에 감춰둔 이야기를 그림으로 그려낼
거라고는 전혀 예상하지 못했다.

　김 할머니의 설명대로 그 그림은 위안소로 끌려가기 직전인
1937년 전쟁의 상흔이 난무했던 상해의 부두를 그린 것이었다.
포탄이 훑고 지나가며 수많은 생명을 앗아간 자리에, 돈 벌러 고
향을 떠나온 어린 순덕과 조선 처녀들이 내리고 있었다. 순덕은
자신이 어디로 끌려가는지 아직 모르고 있었다. 많은 사람이 한꺼
번에 죽은 현장을 목격한 열일곱 살의 산골 소녀 순덕은 그 아비

규환의 끝에 위안소라는 지옥이 있다는 사실도 모른 채 전장의 한복판으로 걸어 들어갔다. 검은 점과 선으로 그려진 한 무리, 그림에서는 그들만 살아 있는 사람들이었다. 그 밖에 그림 전체에 그어댄 눈사람 모양의 선들은 모두 죽어서 널브러져 있는 사람들이었다. 그들의 몸에서 흘러나온 붉은 피가 바다와 땅을 팥죽처럼 붉게 물들였다. 영혼이 빠져나간 그들은 오로지 선으로만 남았다. 열일곱 소녀의 놀란 마음은 오랜 세월 동안 마음속 깊숙이 묻혀 있다가 미술 수업 시간에 점과 선으로 그려졌다. 할머니에게는 말로 표현 못할 공포의 기억이었다.

한 달 후, 김 할머니가 또다시 의미 있는 그림을 그렸다. 그림의 주제는 할머니가 살던 고향 마을이었다. 그동안 할머니는 고향을 주제로 그림을 많이 그렸기 때문에, 나는 또 고향을 그리시는구나 하고 대수롭지 않게 생각했다. 하지만 그림이 완성되어가자 이전 그림들과는 확연히 다른 점이 느껴졌다. 미술적으로 커다란 발전을 이루었을 뿐 아니라, 내용도 매우 의미심장했다.

"할머니, 갑자기 왜 이렇게 잘 그리세요?" 했더니, 할머니는 신이 나서 명랑하게 웃으며 이야기했다.

"이 그림은 제목이 '시골집'인데, 풍산군 덕천면 시절 우리 집

이야. 동네 집집마다 마당 장독대 옆에 봉숭아꽃이 주욱 심어져 있었지"

그림에는 두 처녀가 있었다. 그들의 모습이 가장 먼저 눈에 들어왔는데, 여전히 뒷모습으로 그려져 있었다. 할머니가 다시 사람의 뒷모습을 그린 것을 보고, 나는 고향에 대한 할머니의 첫 그림에 등장한 뒷모습의 소녀를 떠올렸다.

"할머니, 이 두 처녀 이야기 좀 해주세요. 둘이 친구예요?"

"아니, 둘 다 나지."

"행님, 그런데 왜 뒷모습이요?"

강덕경 할머니가 한마디 건넸다.

"그냥 멀리 떠났으니까 그렇고, 집에 아직 안 들어갔으니까 이렇게 그렸지."

그림에는 집들이 옹기종기 모여 있는 평범한 시골 마을이 그려져 있었다. 김 할머니의 표현대로 두 처녀는 모두 어린 순덕이었다. 왼쪽의 순덕은 마을 밖에 있었다. 저 멀리 하늘을 나는 갈매기를 바라보며 고향을 등지고 돈 벌러 공장으로 떠날 준비를 하고 있었다. 홀로 먼 길을 가야 하는 순덕의 두려움과 외로운 심정을 나타내듯, 새 한 마리가 순덕 가까이에 있는 나뭇가지에 앉아 지저귄다. 세상으로 난 길들은 마치 지도처럼 집에서부터 멀리 산 너머까지 자세히 연결되어 있다. 집을 떠난 소녀가 돌아올 길을 잊을까 염려라도 된 듯 꼼꼼히 잘 그려져 있었다. 그리고 오른쪽 집 마당에 또 한 명의 순덕이 서 있다. 집을 떠났던 순덕은 돌아오는 길을 잊지 않고 그리운 고향집으로 돌아왔지만, 집 안으로 들어가지 못하고 마당에 서 있다. 공장에서 일해 번 돈으로 식구들 호강시켜준다는 꿈은 신기루처럼 사라져 버린 지 오래이다. 순덕은 전쟁터 한복판에서 죽지 않고 살아 고향으로 돌아왔으나, 용서받지 못할 큰 잘못을 저지른 죄인이 된 것 같아 차마 집으로 들어가지 못하고 있는 것이다. 혼자만의 큰 비밀을 끌어안은 순덕은 뒷모습을 보이며 집 마당에 검은 고목처럼 서 있었다.

이 그림은 김 할머니가 맞닥뜨려야 할 참혹한 과거의 한 조각이었다. 〈상해에서〉를 그린 이후 할머니가 자신의 과거를 솔직하게 들여다보기 시작하면서 그린 그림이었다. 일본군 성노예로 끌려갔던 여성들 대부분은 집으로 돌아온 후에도 가족과의 관계에서 심적 고통을 받았다. 그녀들은 지옥 같은 위안소에서 어머니와 고향을 그리워하며 버텼다. 그리고 전쟁이 끝난 후, 목숨을 걸고 고향으로 돌아왔다. 그녀들이 돌아올 곳은 그리운 고향뿐이었다. 그러나 재회의 기쁨은 잠시뿐이었다. 고향 사람들은 그녀들이 위안소에서 일본군에게 몹쓸 짓을 당했다고 수군댔다. 수치심에 본인은 물론 가족들도 고개를 들지 못했다. 결국 가족, 심지어 어머니에게도 환영받지 못하고 또다시 고향을 떠나야 했다. 할머니들에게 고향은 이런 아픔의 장소였다. 위안소에서 갖은 고초를 겪고 사선을 넘어 돌아온 딸을 거부한 고향. 그것은 매우 큰 충격이었을 것이다. 그저 여자로 태어나 성노예로 끌려간 자신을 탓하며 또 다시 고향을 떠나야 하는 가혹한 형벌을 어쩔 수 없이 받아들였을 것이다. 여성의 처녀성을 목숨보다 중요시했던 가부장적 사회의 단면이었다. 그림 속의 김순덕도 1937년 위안소에 끌려갔다가 1940년에 귀국했지만, 수치심에 고향으로 돌아가지 못하고 서울에서 남의 집 일이나 식당 일을 하며 전전했다. 그리고 긴 세월이 흐른 뒤 다시 그 시절로 돌아가 그리운 고향집 마당에 도착했으나, 방문을 열고 들어가 가족들을 만나지 못하고 마당에 서 있을 수밖에 없었던 절망적인 마음을 그림에 담아냈다. 당시 어린 순덕이 느꼈을 죄의식이 무의식적으로 드러난 것이었다. 김 할머니는 왜 자신의 뒷모습을 그렸는지 말로 정확하게 설명하지 못했지만, 그림이 모든 것을 말해주고 있었다.

그림 사과 사건

나눔의 집이 혜화동으로 이사를 했다. 자연히 미술 수업이 미뤄지고 잠시 휴식기를 가졌다. 수업을 한 지도 어느덧 2년 가까이 되었다. 할머니들의 그림이 의미 있는 발전을 보이고 있었기 때문에, 나는 이제 제법 소일거리 이상의 성과를 기대할 수 있겠구나 생각하며 새로운 공간에서 새롭게 그림을 그릴 기대에 부풀었다. 그런데 그때 매우 충격적인 사건이 일어났다.

일본군 성노예제 피해자들의 증언이 세상에 알려진 후, 미술계에서도 일본군 성노예제 문제를 소재로 한 그림들이 전시되기 시작했다. 1992년 일본군 성노예제 피해자들의 참상을 알리기 위해 정대협이 주최한 행사에서 최병수 화가의 〈제국의 희생된 여성들〉이라는 걸개그림이, 1993년에는 '정신대 참상 군위안부전'(관훈동, 갤러리 터)을 통해 한희송 화가의 작품들이 알려졌다. 그리고 1994년에 대한민국 국회 정신대 대책 의원 모임의 주최로 여러 화가가 참여하여 국회에서 '정신대 회화전'◦을 열었다. 주인공인 할머니들도 국회 전시에 초대되었다. 하지만 어찌 된 일인지 전시회에 다녀온 할머니들이 매우 화가 나 있었다. 이유를 물으니 그림이 마음에 들지 않는다는 것이었다. 하지만 할머니들을 위하는 자리라 차마 화를 낼 수가 없어서 꾹 참다 돌아왔다고 했다. 한 할머니가 창피하다고 했다. 다른 할머니는 화가 난다고 했다. 한 사람의 상처가 툭 터지자, 여기저기서 울분이 튀어나와 눈덩이처럼 단단하게 뭉쳐졌다.

그림이라고는 하나 일본 병사가 끌려간 처녀들을 발가벗기거나 욕보이는 장면을 다시 보는 것만으로도 할머니들은 또다시 상처를 받았던 것이다. 급기야 전시에 참여했던 화가가 할머니들을 찾아와 사과하는 지경에 이르렀다.

"지금껏 우리가 얼마나 고생하고 살아왔는데, 우리 할머니들을 어떻게 또다시 그렇게 욕보일 수 있나?"

할머니들은 한목소리를 냈다.

"할머니들을 욕보이려고 한 것이 절대 아니에요."

"그런데 왜 그래요. 왜 우리를 발가벗기고……. 그게 욕보이는 거지 뭐예요?"

"일본군이 얼마나 나쁜 짓을 했는지 할머니들이 가장 잘 아시잖아요. 그들의 만행을 표현하다 보니 그렇게 되었어요. 표현하지 않으면 일본군이 얼마나 몹쓸 짓을 했는지 사람들이 어떻게 알겠어요? 그림으로 할머니들을 돕고 싶었던 것뿐이에요. 그러니 노여움을 푸세요."

이 소동은 화가가 할머니들께 송구한 마음을 전하는 것으로 일단락되었다.

기초 데생에서 벗어나 심상 표현을 시도하며 미술 수업을 적극

적으로 변화시켜보려던 시기에 일어난 일이어서 미술 선생으로
서 매우 난감했다. 할머니들은 발가벗겨진 그림 속 처녀와 자신을
동일시하여 창피함과 분노를 느꼈다. 미술 수업을 계속하는 김순
덕 할머니와 강덕경 할머니도 거기에 동조했다. 할머니들이 심상
표현을 넘어서 자신의 상처를 적극적으로 표현하길 기대하고 있
던 터라 나는 더욱 안타깝고 착잡했다. 앞으로 커다란 산을 넘어
야 할 듯했다.

　이 소동은 미술 수업에도 영향을 주었다. 더 세심하고 조심스럽
게 접근해야 했다. 그래서 내 작업실에 있는 화가들의 작품 도록
과 인쇄물 등을 수업에 들고 갔다. 인체에 관한 해부학 책이나 에
곤 실레의 그림들, 뭉크와 프리다 칼로의 작품들, 조각가들의 누
드 작품을 보며 인간의 모습을 다루는 화가들의 다양한 방식에 관
해 자연스럽게 대화했다. 단순하고 일차적인 대화였지만, 화가들
이 벌거벗은 인체를 다루는 것은 창피함을 넘어 인간의 본질을 표
현하고자 하기 때문이라는 사실에 초점을 맞추었다. 이런 과정은
예방주사를 맞는 것과 비슷했다. 얼마나 효과가 있을지 모르지만,
전시회에서 본 그림에 대한 할머니들의 반응을 마주한 내 나름의
처방이었다. 시간이 조금 흐른 뒤, 나는 때가 되었음을 어렴풋이

알 수 있었다. 할머니들에게는 자극이 필요했다. 그래서 일본군 성노예제 문제를 주제로 한 화가들의 그림에 관해 작정하고 강덕경 할머니와 이야기를 나누었다.

"할머니, 지난번에 화가들 그림을 보고 왜 화가 나셨어요?"

"그때는 우리를 공격하는 것 같아서 그랬지."

"지금은 어떤 생각이 드세요?"

"우리를 도와주려고 그랬다는 것은 알지. 그래도 좀 심하게 한 것은 아직도 약간 창피해."

"어떻게 표현한 부분이 마음에 들지 않으세요?"

"화가들의 그림이 진짜처럼 너무 독해 보여."

할머니는 천천히 자신의 의견을 이야기했다. 아마도 사실적 표현이 할머니의 상처를 헤집어놓은 것 같았다.

"그럼 할머니라면 그 문제를 어떻게 그리고 싶으세요?"

"내가?"

미술 수업을 시작한 지 거의 2년 만에 일본군 성노예제 문제를 본격적으로 이야기하게 되었다. 사실 할머니 자신보다 이 주제를 잘 표현할 사람은 없다는 자각을 일깨우는 일이 매우 중요했고, 강 할머니에게도 잘할 수 있다는 확신이 필요한 시기였다. 화가처럼 그림을 그려 전시한다는 생각은 할머니들이 아예 하지 못하던 때였다. 그래서 일본군 성노예제 문제를 할머니보다 더 잘 아는 사람은 이 세상에 없고, 할머니 실력이면 잘 표현할 수 있을 거라고 용기를 북돋워드리는 것이 중요했다. 하지만 강 할머니는 화가들과 자신의 그림 실력을 비교하며 의기소침해했다. 미술 선생의 칭찬도 반신반의했다. 그래도 화가들의 그림에 대해 이야기를 나눈 것은 할머니 자신의 문제를 한발 떨어져 객관적으로 바라볼 수 있는 기회가 되었다.

결과적으로 '그림 사과 사건'은 할머니들에게 여러모로 긍정적인 자극이 되었다. 일본군 성노예제 문제에 대해 직접적으로 터놓고 이야기할 수 있는 계기를 마련해주었고, 할머니들이 화가들처럼 자신의 문제를 그림으로 그릴 수 있는 가능성을 열어주었다.

빤스 하나 입히라

일본군 성노예제 문제를 다룬 화가들의 그림에 관해 강덕경 할머니와 이야기하고 두 주쯤 지났을 때였다. 수업 준비를 하는데, 강 할머니가 조그만 스케치북을 들고 머뭇거렸다. 할머니 눈에 쑥스러운 빛이 스쳤다.

"미술 선생, 나 이런 것 그려보고 싶어지데?"

그림을 보는 순간 헉 하고 숨이 멎고 감동이 밀려왔다. 할머니의 인생이 꼬여버린 시작점을 표현한 그림이었다. 강 할머니가 드디어 용기를 내어 꽁꽁 닫혀 있던 마음의 문을 열기로 작정했다는 것을 느낄 수 있었다.

작은 스케치를 보고 나니, 나는 할머니의 이 중요한 그림을 기념비적인 작품으로 남겨놓고 싶었다. 그래서 캔버스에 옮겨 그리기로 했다. 그동안 작은 스케치북에 소소하게 그리다가 처음으로 큰 캔버스를 마주한 할머니는 긴장하면서도 여러 가지를 궁금해했다. 할머니는 생애 처음으로 입에 풀칠하기 위한 노동이 아닌, 오로지 자신을 위해 하는 일로 흥분되는 시간을 경험하고 있었다. 어린 선생과 늙은 학생은 달그락거리며 분주했다. 정성 들여 만든 순결하고 깨끗한 캔버스. 강 할머니는 그 앞에 마주 섰다. 아니, 열여섯살 때 일본인 선생의 권유를 거부할 수 없어 큰 배를 타고 망망대해를 건넜던 그때, 근로정신대라는 이름으로 끌려가 하루 종일 비행기 공장에서 노동에 시달리며 어머니가 보고 싶어 울던 그때, 밥 세 숟가락과 된장국, 콩떡 세 개로 하루하루를 연명하다가 탈출을 시도했던 그때, 얼마 못 가 붙잡혀 발가벗겨진 그때, 그 언덕 앞에 마주 섰다. 팽팽한 긴장감이 흘렀다. 온몸의 세포들이 살아있음을 증명하듯 붓을 쥔 손끝이 사정없이 흔들렸다.

"할머니, 잠깐 숨 한 번 크게 쉬어보세요!"

할머니는 숨을 크게 내쉬며 긴

장갑을 몸 밖으로 내보냈
다. 그런 다음 다시 온 신경을
모아 조심스럽게 굵고 검은 벚나
무 줄기를 화면에 비스듬히 그
렸다. 나무는 쓰러지지
않기 위해 언덕의 흙
을 악착같이 움켜쥐고 있었다. 거무죽
죽한 나무는 패망해가던 일본처럼 조금 위태
로운 상태가 되었다. 강 할머니는 소녀 강덕
경의 삶을 송두리째 앗아간 50년 전 그 장소, 그 나무 아래에 다
시 서 있었다. 할머니는 정면으로 나무를 바라보며 나무와 팽팽
하게 대치하고 있었다. 나무는 할머니 앞에 볼품없이 발가벗겨져
있었지만, 소녀는 할머니가 되어서도 여전히 그 앞에서 떨고 있
었다. 나무에 붉은 꽃잎을 그려 넣으니, 꺼지기 직전 마지막 불꽃
을 태우는 촛불처럼 그림에 불길한 분홍의 생기가 감돌았다. 한
두 걸음 물러서서 그림을 살핀 후, 이제는 어린 덕경을 그릴 차례
였다. 할머니는 잠시 생각에 잠기듯 허공에 시선을 두었다.

어린 덕경은 어머니가 재가를 해서 외가에서 컸지만, 학교에 다닐 정도로 형편이 괜찮았다. 밥을 먹었는지 묻는 것이 인사일 정도로 어렵던 그 시절, 밥을 잘 먹지 않아 할머니의 애를 태우기도 한 고집 있고 예민하고 자존심 강한 아이였다. 일본인 선생이 똑똑했던 반장과 덕경에게 일본에 가면 공부도 하고 돈도 벌 수 있다고 한 말을 거역할 수 없어 두 소녀는 일본행을 감행했다. 하지만 얼마 지나지 않아 일본인 선생이 거짓말로 자기들을 꾀어낸 것을 알고 분노했다. 어린 소녀들은 당차게도 함께 모의해 공장에서 탈출하기로 했다. 첫 번째 탈출에 실패한 뒤, 다시 두 번째 탈출을 감행했다. 어두운 밤 철조망을 헤치고 숨이 턱에 닿도록 뛰었다. 어둠이 절대 놓지 않기로 한 두 친구의 손을 갈라놓았다. 친구는 온데간데없고 덕경 혼자 덩그러니 남겨졌다. 어둠 속에 갇힌 덕경은 한 발짝도 움직일 수 없었다. 지나가던 군부대 트럭이 불을 밝히며 다가오고 있어 어디로든 도망을 가야 하는데도, 발이 그 자리에 얼어붙어 있었다. 숨이 가빠오고 심장은 터질 듯 두근댔다. 소녀에게는 너무나 길고도 짧았던 그 순간, 어둠은 총칼을 찬 우악스러운 헌병에게 소녀의 덜미를 내주었다. 헌병과 그를 둘러싼 검은 어둠은 하나가 되어 음흉하게 웃었다. 소녀는 포획된 작은 짐승처럼 언덕으로 끌려갔다. 살려달라고 수없이 외쳤지만 온전한 소리가 되어 나오지 못하고 메마른 입술만 달싹거릴 뿐이었다. 죽음이 목전에 다가왔다는 공포에 오금이 저려 소녀는 꼼짝도 할 수 없었다. 올무에 걸린 사슴처럼 소녀가 움직일 수 있는 것은 오직 커다란 동공뿐이었다. 자신이 앞으로 어떻게 될지, 살지 죽을지 알 수 없어 공포에 떨던 소녀는 그때껏 알지 못하던 살을 찢는 고통에 정신이 아득해졌다.

그로부터 50년의 세월이 흘렀다. 모든 것을 체념하고 세월을 흘려보낸 소녀가 고통의 시작점을 다시 떠올리고 있었다. 처절하고 가슴 저린 회상이었다. 할머니가 된 덕경이 발가벗겨진 채 앳된 얼굴을 가리고서 울고 있는 어린 덕경을 그리고 있었다. 강 할머니의 작고 마른 뒷모습이 애처로웠다. 하지만 할머니는 그림에 몰두하느라 볼이 약간 상기되었을 뿐, 대담하고 차분해 보였다. 열심히 그림을 그리던 할머니가 갑자기 뒤를 휙 돌아보며 말했다.

"미술 선생, 이기 좀 어려운데?"

"아, 그럼 스케치북에 한번 그려보고 다시 할까요?"

강 할머니의 뒷모습을 바라보며 생각에 빠져 있던 나는 곧바로 정신을 차리고, 얼굴을 손으로 가린 채 모델이 되었다. 강 할머니는 소녀를 그린 후 뒤로 조금 물러나 그림을 살폈다. 그러고는 어린 자신을 물끄러미 바라보았다. 그런데 할머니의 시선이 소녀의 뒤편 어딘가에 머물러 있었다. 할머니는 뭔가를 떨쳐내듯 인상을 찌푸리며 다시 그림 앞으로 돌아왔다.

이제 고바야시 다테오를 그릴 차례였다. 그는 일본군 헌병이었다. 문제의 그날 밤, 그는 어둠을 뚫고 도망치는 조선인 소녀를 붙잡았다. 그리고 자신의 욕정을 채운 후, 군부대에 천막으로 세운 임시 위안소에 집어넣어버렸다. 부대 내에 위안소가 있음에도 군법을 어기고 근로정신대 소속의 소녀를 성폭행한 후 임의대로 처리한 것이다. 하지만 그날 밤은 지옥의 서막에 불과했다. 이후 그는 소녀가 자신이 획득한 전리품이라도 되는 양 소녀를 자주 찾아왔다. 가끔 그의 손에는 옷가지와 음식이 들려 있었다. 소녀는 오로지 탈출만을 생각했다.

그에 대해 생각하는 걸까? 강 할머니는 한동안 말이 없다가 나무에 고바야시 다테오를 그려 넣었다. 그의 동맥은 나무와 한 몸이 되어 가지와 뿌리로 자라났다. 제국주의 일본의 망령처럼 발이 여러 개 달린 그 나무는 점점 괴물이 되어갔다. 강 할머니는 그의 얼굴이 잘 그려지지 않는 모양이었다. 그림을 그리는 동안 할머니가 가장 어려워하는 부분 같았다. 모자를 쓴 모습이 어렵다고 했다. 나는 기꺼이 모자를 쓰고 일본군 모델이 되었다.

　지친 할머니를 위해 잠시 쉬는 시간을 가졌다. 쉬면서도 강 할머니는 땅속에 그릴 해골들 생각뿐이었다. 나는 할머니와 함께 해골의 해부학적 특징에 대해 이야기하고 스케치를 해보았다. 그리고 다시 그림 앞에 섰다. 그림의 아랫부분 땅속 깊은 곳에, 일본군의 성노예로 끌려갔다가 돌아오지 못하고 희생당한 소녀들의 유골을 그려 넣었다.

　"여기에 많이 그려야 되겠는데, 좀 비어 보이지?"

　"흐리게도 하고, 진하게도 하고, 겹치게도 해보세요."

　그림을 그리던 강 할머니가 갑자기 당황한 웃음을 지으며 걱정을 했다. 해골들이 웃는 것처럼 보인다는 것이다.

　"할머니, 이상하지 않아요. 무고하게 죽은 소녀들이 죽어서라도 친구가 되어 서로 기대며 웃을 수 있다면 좋은 일 아니겠어요? 제가 보기엔 일본군을 비웃는 것 같은데요?"

　강 할머니는 안심했다. 유골들은 감시자가 되어 눈이 없는 검은 구멍으로 모든 것을 지켜보고 있었다. 그리고 우리가 왜 죽었는지 아느냐고 되뇌었다. 그 소리가 주위에 메아리쳤다. 어린 소녀들의 피와 살이 나무를 타고 올랐다. 그녀들의 영혼은 그들이 죽는 순간까지 듣지 못했던 질문의 답을 찾아 나무뿌리를 따라 오르다가 만개한 벚꽃들을 만났다. 꽃들에게 물었다. 너희들은 그 이유를 아느냐고. 순진한 꽃들은 모른다고, 자기들은 모르는 일이라고 고개를 젓다가 이내 져버렸다. 마지막으로 강 할머니는 떨어지는 꽃잎을 그렸다. 그림에 꽃비가 내렸다. 꽃들은 죄스럽게 얼굴을 붉히며 뚝뚝 떨어졌다.

그림을 다 그린 할머니는 온몸의 힘을 다 쏟아내었는지 기진맥진했다. 그러나 잘못 끼운 첫 단추를 제대로 맞춘 듯, 그림을 마무리한 뒤 성취감에 얼굴이 상기되어 있었다.

사실 강 할머니에게는 그림을 캔버스에 크게 옮겨 그린 그날보다 혼자서 작은 스케치북에 그린 날이 더 중요하고 힘들지 않았을까. 아마도 할머니는 밤새 한잠도 못 자고 뒤척이며 그날의 공포와 두려움을 곱씹었을 것이다. 지금껏 애써 덮으려 했던 심연의 기억을 꺼내 똑바로 바라본 할머니는 마음속 깊은 계곡에서 밤새 괴로움에 허우적댔을 것이다. 가녀린 몸통 내부를 관통하며 살을 찢던 고통이 떠오르고, 자신을 처음 성폭행한 고바야시 다테오에 대한 살의가 불쑥 솟구치다가, 탈출하기 위해 정보를 빼내려고 비굴하게 그에게 웃음을 보였던 일이 떠올라 얼굴이 붉어지고, 그가 가끔 가져오는 건빵과 유부초밥에 자존심은 제쳐두고 침을 삼키던 일이 생각나 당혹스러워지고, 아무리 배가 고파도 그냥 공장에 있었다면 어땠을까 하는 쓸데없는 자책과 후회가 밀려오고…….그렇게 우후죽순처럼 떠오르는 온갖 감정과 맞서 싸웠을 것이다.

어쩌면 강 할머니는 밤새 온몸이 경직된 채, 한동안 도화지 위에 선 하나 긋지 못하고 연필만 붙잡고 있었을지도 모른다. 하지만 수없이 떠오르는 질문들을 고민하며 어떻게 그림으로 표현할지 생각했을 테고, 그사이 할머니의 머릿속에서는 예전과는 조금 다른 일이 벌어졌을 것이다. 그동안 눌러놓기 급급했던 악몽과도 같은 부끄러운 기억들을 개인의 감정을 뛰어넘어 조금은 객관적으로 따져보았을 것이다. 마치 평균대 위에서 균형을 잡듯, 자신을 포함해 일본군 성노예로 끌려간 많은 소녀들이 역사의 희생자임을 자각했을 때, 강 할머니는 저 깊은 감정의 계곡에서 높은 하늘로 뛰어올라, 지금까지와는 전혀 다른 전지적 입장에서 사건 현장을 내려다보게 되었을 것이다. 평형감각을 유지하고 중심을 잡는 그런 과정이 강 할머니에게는 온몸을 뒤흔드는 힘든 일이었을 테지만, 그 고통의 시간은 매우 중요한 치유의 과정이기도 했다.

나는 그저 지난밤 강 할머니에게 일어난 감정의 파고를 상상해

볼 뿐, 감히 할머니의 고통을 안다고 말할 수 없다. 그토록 긴 세월 동안 겪어온 절망적인 고독을 모두 이해할 수도 없다. 하지만 홀로 고독을 견뎌내는 사람의 눈빛은 어렴풋이 알고 있었다. 그림을 그리는 행위도 고독을 이겨내고 자신과 싸우는 일이기에 나는 할머니를 믿었다. 명확하게 설명할 수는 없지만, 처음 본 강 할머니의 눈빛에서 나는 50여 년을 고독에 맞서온 사람의 쓸쓸하지만 고집스러운 강단을 엿보았다. 나는 강 할머니의 그 단단한 눈빛을 믿었다.

어쩌면 나는 이미 눈치채고 있었는지도 모른다. 그림을 배우는 동안 강 할머니가 홀로 고독을 버텨내던 그 힘을 그림에 쏟아붓게 되었다는 사실을. 그래서 할머니 스스로 자신의 이야기를 그림으로 그리기를 바라며 할머니를 슬쩍 그 벚나무 앞으로 떠밀었는지도 모른다. 생각해보면 내가 강 할머니에게서 진짜로 보고 싶었던 것은 자신의 고통과 맞서 싸우는 모습이 아니었나 싶다. 성실한 집념과 배짱으로 과거의 그 벚나무 아래에서 당당히 싸우기를, 그리하여 그림을 그리는 동안 할머니의 활활 타오르는 마음의 불이 잦아들기를 바랄 뿐이었다. 악몽이 말끔히 사라지진 않겠지만, 화상 자국이 남은 과거일지라도 잘 보듬어 조금이라도 마음의 안정을 찾기를 기대했다.

그리고 모두가 잠든 1995년 2월의 어느 추운 겨울밤, 강 할머니는 혜화동의 오래된 한옥 아래채에서 정신줄을 단단히 붙들고 그 일을 해냈다. 두 눈을 부릅뜬 채, 꿈속까지 쫓아와 괴롭히던 괴물과 사투를 벌였다. 그렇게 자신이 휘말린 그 끝없는 고통의 시작점을 찾아 한 조각씩 종이 위에 쏟아놓기 시작했다. 시간은 착실하게 흘렀고, 동이 트기 전 강덕경 할머니의 진정한 첫 번째 그림이 완성되었다.

그림은 정갈하다. 언뜻 보면 분홍 꽃이 만개한 화사한 벚나무 그림 같다. 그러나 조금만 들여다보면 모든 것이 수상하다는 것을 알 수 있다. 그림 속 소녀는 언덕에 누워 울고 있다. 군인 앞에서 발가벗겨진 채로 얼굴을 가리며 울고 있다는 것은 이 소녀에게 감당하기 힘든 일이 일어났음을 의미한다. 이제 소녀는 천진난만했던 어린 시절로 돌아갈 수 없음을 알고 있다. 소녀는 뭔가 중요한 것을 잃은 것 같은 느낌에, 수치심과 공포에 목 놓아 흐느끼고 있다. 나무에는 수상하고 불길한 군인이 숨어 있다. 그는 소녀의 울음과 직접적으로 연관된 인물이다. 나무인지 귀신인지 모를 뿌리가 여럿 달린 이 기이한 남자는 잘못이 없는 척 몸을 숨기고 있다.

그곳은 그에게 그의 모든 죄를 사해주는 은신처이자 음울한 근거지 같다. 그는 그곳에 뿌리를 박아둔 채, 울고 있는 소녀에게 다시 은밀한 손길을 건넨다. 언덕에서 홀로 우는 소녀의 울음소리가 애절하게 울려 퍼진다. 그 울음소리는 땅속까지 울려 무고하게 죽음을 맞이한 소녀들을 깨운다. 아무도 모를 것 같았던 내밀한 폭력의 언덕에서 검은 눈들이 일제히 깨어난다. 그들은 나무 군인을 보고 비웃으며 야유를 보낸다. 억울하게 죽은 소녀들의 원혼이 나무를 따라 올라가며 가지를 뒤흔든다. 꽃들이 우수수 떨어진다.

전쟁이 장기화되자, 일본 군부는 사병들의 사기 저하를 막기 위해 1937년부터 본격적으로 위안소를 설치하고 수많은 동아시아 여성을 성노예로 동원하기 시작했다. 식민지 조선에서도 많은 여성이 끌려갔다. 소녀 강덕경은 열여섯 살 때 헌병 고바야시에게 붙들려 위안소로 끌려간 이후 셀 수 없이 많은 군인에게 유린을 당하다가, 2년 후 해방되던 해에 귀국했다. 위안소에서 일어난 일은 가족 누구도 모르는 비밀이어야 했다. 덕경은 침묵했다. 긴 시간 동안의 무거운 침묵이었다. 자신이 왜 그런 일을 겪어야 했는지, 도대체 이 억울함을 어떻게 풀어야 하는지도 모른 채 절망 속에서 홀로 외롭게 이곳저곳을 떠돌았다. 그러다가 1992년 자신의 모든 괴로움이 일본의 제국주의적 야욕이 불러온 부당한 폭력 때문이었음이 공개적으로 밝혀지자, 비로소 참혹했던 과거를 증언하며 오열했다. 그 긴 세월이 흘러가버린 후에.

그러니 자신에게 일어난 일을 그림으로 표현한다는 것은 강 할머니에게 매우 감당하기 어려운 일이었다. 성폭력의 피해 그리고 그 이후의 삶마저도 송두리째 망가진 한을 그림으로 어떻게 나타내야 할지가 첫 번째 숙제였다. 상처가 너무 깊어 선조차 긋지 못하다가, 억울함과 분노의 한숨을 잠시 쉬는 사이 일본의 상징인 벚나무를 생각해냈으리라. 그리고 도화지 위에 선을 긋기 시작했으리라. 이어서 고바야시 다테오를 벚나무 안에 집어 넣어 상징으로 만들었을 것이다. 그 둘은 따로 뗄 수 없는 한 몸이므로. 그렇게 해서 나무에 박혀 있는 기묘한 군인은 아시아태평양전쟁의 광기를 상징하게 되었다. 고바야시 다테오는 강덕경을 직접적으로 가해한 주체이자 제국주의의 광기를 대표하는 인물이 되었다.

다음으로 할머니는 소녀 덕경을 그렸다. 죽음의 공포 속에서 성폭행을 당한 자신을 그렸다. 얼굴은 어떻게 그릴지 몸의 자세는 어떻게 해야 할지, 입고 있는 옷은 어떻게 그려야 할지, 그때의 고통은 어떻게 표현해야 할지 온갖 생각이 떠올랐으리라. 그러다 결

국 실오라기 하나 걸치지 않은 알몸의 소녀를 그려 넣었다. 그것
은 대단히 놀라운 발전이었다. 할머니는 불과 얼마 전까지만 해
도 일본군 성노예를 묘사한 화가들의 그림을 보고 고생한 당신들
을 다시 한 번 욕보이는 것이라며 다른 할머니들과 함께 화를 냈
으니까. 만약 할머니가 발가벗겨진 그림에 수치심을 느껴서 어릴
적 입던 한복이나 공장에서 입던 옷을 그렸다고 가정해보자. 어
린 소녀가 성폭행 앞에서 느꼈을 공포를 그림으로 표현하면서 몸
을 천 조각으로 가린다면, 아마도 감동의 크기가 줄어들 것이다.
소녀의 알몸은 분노와 치욕을 표현할 필수조건이었을 것이다. 강
할머니는 깊은 성찰을 통해 그 사실을 깨우쳤다. 그리고
불가항력적이고 무지막지한 폭력에 대항해
소녀가 본능적으로 터뜨린 어린
아이의 울음을 그렸다.

또 군복을 턱밑까지 꼭 채워 입은 일본 군인과 알몸의 소녀를 대비해 그림으로써 그들 관계의 본질을 훌륭하게 드러냈다.

고바야시 다테오에 대한 강 할머니의 입장은 조금 복잡했다. 그는 강 할머니를 지옥으로 끌고 간 장본인이다. 생리도 시작하기 전인 소녀에 대한 최초의 성폭행은 집단강간으로 이어졌다. 육체적·정신적 고통을 겪은 할머니는 의식적, 무의식적으로 남성을 거부했고 결혼도 거부했다. 강 할머니의 세 번째 숙제는 고바야시 다테오가 자신을 육체적으로 강탈한 상황을 그려내는 것이었다. 그런데 그림에서 그는 과격하지 않다. 덕경을 향한 고바야시 다테오의 은밀한 손짓은 위로를 건네는 듯 친절해 보이기까지 하다. 실제로 그는 자신의 과오에 대한 일말의 양심 때문이었는지 아니면 진짜로 사랑하게 되었는지 모르지만 덕경을 가장 자주 찾아온 일본군이었고, 음식이며 옷가지 등을 가져다주며 자잘한 친절도 베풀었다. 그가 덕경에게 어떤 생각을 가지고 있었든, 그에 대한 덕경의 감정은 이른바 가해자에게 동화되는 스톡홀름 증후군 같은 것은 아니었던 듯하다. 하지만 그 지옥을 탈출하기 위해서는 그의 도움이 절대적이었다. 그래서 덕경은 정보를 빼내기 위해 오로지 그에게만 말을 붙이며 유화적으로 대했다. 그림에서 고바야시의 손짓이 과격해 보이지 않는 것은 강 할머니의 머릿속에 각인된 그의 이미지 때문일 것이다. 강 할머니는 최초의 성폭행 이후 형성된 둘의 관계를 무의식적으로 압축해서 표현한 것으로 추측된다. 따라서 그 손은 계속될 유린을 예고하면서도 무책임한 친절을 내포하고 있다. 그리고 그 손은 그림의 위치상 남성의 손이자 성기라는 이중적 의미를 갖는다.

또한 강 할머니는 소녀 덕경이 당한 그 불행한 사건이 한 개인의 끔찍한 경험이었음을 표현하는 것을 넘어 일본군 성노예제의 전말과 구조를 압축적으로 이야기하면서 그 문제를 극복하려는 의지를 드러냈다. 그림에는 전선이 형성되어 있다. 그림 속 언덕은 제국주의의 본진인 일본 땅이다. 일본군의 폭력에 맞서 성노예로 끌려간 어린 소녀와 한 서린 영혼들이 대치하고 있다. 물론 그 싸움에서 여성들은 볼 것도 없이 맥없이 죽거나 유린당했다. 강 할머니는 어린 시절 이유도 모른 채 당한 피해자의 수동적 삶을 끊어내고 피해에 적극적으로 대처하는 능동적인 모습을 나타내고 싶어 했다. 그래서 덕경의 절박한 울음이 희생된 성노예 피해자들의 영혼을 깨우고 함께 힘을 합쳐 벚나무를 타고 올라가 꽃을 떨어뜨리고 나무를 쓰러뜨린다는 순환적 구조의 이야기를 만들어냈다. 그것이 그들의 물리적 폭력에 대한 방어로 힘없는 소녀들이 유일하게 가질 수 있는 심리적 무기였다.

심리적 무기는 강 할머니 그림의 가장 강력한 특징이다. 산천초목과 사람, 동물, 심지어 돌과 같은 무생물에 이르기까지 세상만물에 혼령이나 정기가 깃들어 있다고 생각하는 민속적 상상력이 발견된다. 강 할머니는 생물학적으로 장미과의 낙엽교목일 뿐인 벚나무에 전쟁의 망령이 깃들게 한다거나, 나무 뿌리를 드러내 곧 패망할 불안한 일본의 미래를 나타낸다거나, 땅과 나무에 서린 제국주의의 광기 때문에 도망치지 못하는 소녀의 절망을 표현한다거나, 죽은 소녀들의 영혼이 대동단결해 악한 기운을 물리치는 등 매우 강력한 민속적 설정들을 배치해 민족적 집단 무의식을 표현했다. 이런 장치들이 현실의 시각을 확장해 회화적이고 초현실적인 상상력의 꿈으로 융합되어 강 할머니만의 독창적인 개성을 만들어냈다. 그리고 이러한 특징들은 강 할머니가 인식하지 못한 사이 그림을 그리는 과정에서 자연스럽게 나타났다.

그러나 그림은 소녀 덕경의 경험만큼 잔인해 보이지 않는다. 수치심에 절망해 우는 소녀가 있고, 소녀를 잔인하게 유린한 폭력과 광기가 있고, 이미 무참히 생명을 빼앗긴 해골들이 즐비한데도 그

림은 우아하다. 비극을 품은 우아함이 흐른다. 강 할머니 그림의 예술성은 자신이 경험한 비극을 초현실적이면서도 아름답게 나타내는 역설, 그 지점에 있는 듯하다. 그동안 연마한 사실적 재현 위에 자신만의 슬픈 서사가 더해져 빛을 발하기 시작한 것이다.

이 첫 번째 그림은 강 할머니 삶의 새로운 가능성이자 희망이 되었다. 강 할머니가 마음속 깊은 우물에서 자신의 고통을 길어 올려 그림으로 그려냈다는 것은 그동안 잃어버렸던 자아를 되찾아 새로운 삶을 살기 시작한 것을 뜻했다. 그림 〈빼앗긴 순정〉은 그 첫 발자국이 되었다. 그림을 완성한 강덕경 할머니가 그림을 다시 찬찬히 바라보았다. 일본의 광기를 온몸으로 겪어낸 식민지 조선의 소녀 덕경을 할머니 덕경이 토닥토닥 위로하는 것 같았다. 그동안 참 애썼다고.

완성된 그림의 첫 번째 관객은 같이 사는 할머니들이었다. 같이 그림을 그리기 시작했지만 일찍이 포기하고 강 할머니의 성장을 가장 가까이에서 지켜본 분들이었다. 잠시 정적이 흐르더니,

이내 한마디씩 칭찬을 했다.

"아따, 잘 기릿다~"

"인자 진짜 화가 같네."

그림을 바라보던 박두리 할머니가 갑자기 물었다.

"근데 저기 툭 튀나온 것이 뭐꼬? 꼬추가?"

"어데?"

"나무에? 눈도 삐었다. 손이구만, 손."

할머니들끼리 의견이 분분했다. 잠시 후 박두리 할머니가 경상

도 사투리로 점잖게 한마디 툭 던졌다.

"빤스 하나 입히라~"

모두 크게 웃었다. 당신들을 또다시 욕보였다며 화가들에게 화
내던 분들이 맞나 싶었다. 나는 강 할머니와 눈을 맞추었다. 할머
니가 수치심 따위는 이미 이웃집 개에게나 줘버린 것을 느낄 수
있었다.

그때 그곳에서

　강덕경 할머니의 마음속 응어리가 그림으로 터져나오기 시작했을 때, 절정을 향해 치닫는 북소리처럼 심장이 두근댄 사람은 비단 강 할머니 한 분만은 아니었다. 뒤에서 조용히 지켜보던 김순덕 할머니의 심장도 같이 뛰고 있었다. 그러나 나는 강 할머니의 그림 때문에 몹시 흥분한 상태였기 때문에 김 할머니의 마음을 헤아리지 못하고 있었다.

　며칠 후 다시 미술 수업 시간이 돌아와 나눔의 집에 들어서니, 김순덕 할머니가 웬일로 그림 그릴 준비를 미리 하고 나를 기다리고 계셨다.

　"미술 선생, 한참 기다렸잖아. 이리 좀 와봐."

　"오, 할머니, 웬일이세요? 벌써 준비도 다 하시고?"

김 할머니가 나를 앞에 앉혀놓더니, 스케치북을 펴고 지그시 눈을 감았다. 김 할머니는 한동안 붓만 든 채 그림을 그리지 못하고 있었다.

"할머니, 무슨 고민이라도 있으세요?"

"미술 선생, 내가 일본군을 이렇게 쭈욱 그려야 되겠는데……."

손으로 허공에 일자를 그으며 다짜고짜 일본군을 그리겠다는 김 할머니의 이야기에, 그제야 할머니의 급한 마음이 보이기 시작했다. 강 할머니의 그림 〈빼앗긴 순정〉은 같은 상처를 가진 할머니들에게 큰 울림을 주기에 충분했다. 그러니 같이 그림을 그리고 있는 김 할머니에게는 더욱 큰 자극이 된 것이 분명했다. 아마 김 할머니는 강 할머니의 그림을 본 후 내내 자신은 어떤 그림을 그릴지 고민했을 것이다. 아침부터 미술 선생을 기다리고 일본군 이야기부터 꺼내는 김 할머니를 보자 기대가 높아졌다. 강덕경 할머니에 이어 김순덕 할머니까지 자신의 상처를 그림으로 표현하려한다는 사실에 나는 흥분했다. 하지만 그림에 대한 자신감 부족이 여전히 걸림돌이었다.

"그런데 못 그리것어. 좀 도와줘."

"할머니, 일본 군복이 어떻게 생겼어요? 저는 한 번도 본 적이 없어서 모르겠어요. 군복은 어떤 색이었어요?"

"에이~ 미술 선생이 그것도 몰러? 누런색이고 어깨엔 뻘건 계급장이 붙었지. 신발은 여기까지 길게 올라오고 끈으로 묶여 있잖아."

김 할머니는 답답하다는 듯 실망하는 기색이 역력했다. 옆에서 지켜보던 박옥련 할머니도 일본 군복에 대한 설명을 도왔다. 미술 선생에게 도움을 청하려던 김 할머니는 결국 도움 받기를 포기하고 스스로 일본군을 그리기 시작했다.

할머니의 붓이 황토색 물감으로 물들더니, 도화지 위에서 일본군의 누런 군복으로 변해갔다. 한참을 열중하던 할머니가 망쳤다는 듯 아쉬워했다.

"아이고, 일본군 다리가 희한하게 그려졌네, 허 참."

"아니에요, 잘하고 계세요. 저는 어떻게 생겼는지 몰라서 그리지도 못하는데, 할머니가 선생인 저

보다 훨씬 낫네요."

"아이고, 미술 선생이 또 나를 웃긴다!"

할머니는 웃으며 살짝 눈을 흘기고는 다시 그림에 집중했다.

"이제 여기에 초록 물감으로 그려야 되는데……"

할머니는 다음에 할 일을 잊지 않으려는 듯 먼저 말로 되새기더니, 분주하게 물통에 붓을 넣어 빨고 초록 물감을 묻혔다. 초록 물감은 곧 군용 천막이 되었다. 군용 천막과 줄지어 늘어선 일본 군인들. 김 할머니도 강할머니처럼 지옥 같았던 위안소에서의 첫날을 표현하고 있었다. 할머니의 옆얼굴이 눈에 들어왔다. 할머니는 중요한 부분을 그릴 때마다 말이 없어지고, 눈썹이 올라가고, 입에 힘을 주었다. 할머니의 긴장한 얼굴에 어린 순덕의 긴박했던 공포가 어려 있는 듯했다. 얇디얇은 군용 천막 너머에는 끊임없이 밀려드는 군인들에 대한 공포와 육체적 고통, 열일곱 소녀에게 닥친 죽을 수도 살 수도 없는 수치심이 있었다. 할머니는 셀 수 없는 일본군이 자신에게 가한 잔인한 성폭행을 직설적으로 표현하지 못하고 천 한 장으로 가리고 있었다. 그것은 할머니의 마지막 자존심이었다. 할머니가 자신의 생에서 무엇을 건져올리고 있는지 알게 된 나는 질문을 건네기도 조심스러웠다.

못다 핀 꽃

"할머니, 이 그림의 시간이 언제예요?"

"깜깜한 밤이지."

"그럼 밤을 어떻게 그리고 싶으세요?"

"별을 그려야겠네. 별이 진짜로 많았어."

밤하늘을 칠하다 손이 떨리는 바람에 별 몇 개가 사라지고 말았다. 할머니는 사라진 별에 대해 속상해하며 큰 걱정을 안은 얼굴로 다시 미술 선생을 애절하게 쳐다보았다.

"그런데 미술 선생, 엎어져 있는 모습은 어떻게 그려야 하는 거여? 도저히 못하겠어!"

김 할머니는 마음이 급해질 때면 어린아이가 떼를 쓰듯 도움을 요청했다. 그러나 지금까지 그린 위안소와 일본군만 봐도 이번 그림이 할머니에게 일생일대의 중요한 그림이 될 거라는 사실을 알 수 있었다. 그렇기에 스스로 어려움을 극복해야 하는 순간임을 더욱 일깨워드려야 했다.

"할머니, 지금까지 아주 잘하셨어요. 지금처럼만 하시면 돼요. 제가 모델을 해드릴 테니 그려보세요."

나는 도와드리는 것은 안 된다고 미리 못을 박았다. 그러자 할머니는 갑자기 얼마 전 당신으로 인해 나눔의 집이 소란스러워졌

던 이야기를 꺼냈다. 미술 수업이 끝나고 저녁 식사도 일찍 마친 여름날, 모두 거실에 모여 담소를 나누고 있었다. 할머니들 사이에 미술 수업 이야기며 이런저런 이야기들이 오가고 있었는데, 초저녁잠이 많은 김 할머니가 졸음을 이기지 못하고 연신 고개를 주억거렸다. 들어가 자라는 다른 할머니들의 성화에, 할머니는 자리를 지키지 못하는 것을 못내 아쉬워하며 먼저 방에 들어가 주무셨다. 얼마나 시간이 지났을까. 갑자기 방에서 비명 소리가 들렸다. 그 소리는 단순한 비명이 아니었다. 죽음을 직면한 동물의 절박한 울음소리에 가까웠다. 모두 놀라 방문을 열어보았다. 거실의 불빛이 깜깜한 방 안의 할머니를 비추었다. 김 할머니는 식은땀을 흘리며 부축을 받고 일어나 앉았다. 누군가 병원에 가야 하는 것 아니냐고 물었다. 김 할머니는 대꾸를 하지 못한 채 두 손을 허공에 저으며 물을 찾았다. 물 한 모금을 들이켠 후, 할머니는 진정이 되었는지 악몽을 꾸었다고 했다. 자세히 이야기는 하지 않고 그냥 나쁜 꿈이라고만 했다. 그날 밤은 그렇게 지나갔다. 그런데 오늘 그리는 이 그림이 바로 그때 꾼 꿈이라는 것이 아닌가.

"바로 여기에다 내가 엎어져 있는 것을 그려야 하는데, 너무 어렵네"하며 붓을 든 채 그림은 그리지 않고 울상을 지었다.

"할머니, 엎드려서 뭘 하는 건데요?"

"뭘 하긴……. 이 나이가 되도록 괴로워서 울고 있는 거지."

그 이야기를 들은 나는 더 이상 원칙을 내세울 수 없었다. 할머니의 손을 잡고 같이 그림을 그리기 시작했다.

"그림이 마음에 드세요?"

"엎드려 있는 게 꼭 진짜 같네."

김 할머니는 웃으며 좋아했다.

"할머니가 혼자 그린 선이 훨씬 좋아요. 이번에 같이 연습했으니까 다음에 큰 그림으로 옮길 때는 할머니 혼자 하셔야 해요? 아셨죠?"

"그럼그럼, 알았어!"

할머니는 시원스레 대답했다.

"할머니, 그림 제목을 뭐라고 하고 싶으세요?"

그림을 완성한 뿌듯함에 명랑해진 할머니가 다시 생각에 잠기더니 말했다.

못다 핀 꽃

"그때 그곳에서."

고수인 김 할머니에게 오늘도 졌지만, 나는 기쁜 마음을 감출 수 없었다. 전혀 예상하지 못했던 일이었다. 〈그때 그곳에서〉는 김 할머니가 처음 스스로 그려낸 자신의 이야기이자 가해자인 일본군을 표현한 첫 그림이었다. 또 그때의 악몽이 평생 지속되고 있다는 사실을 확인시켜준 그림이기도 했다. 평소 선한 얼굴에 그늘 없이 밝은 김 할머니의 고통 또한 예외없이 그림으로 영원히 기록되었다. 그리고 이 그림, 〈그때 그곳에서〉를 기점으로 김 할머니도 기억의 퍼즐을 맞추듯 과거 자신의 이야기를 쏟아내기 시작했다.

다시 미술 수업 시간이 돌아왔다. 지난 시간에 이어 역시나 김 할머니는 일찌감치 수업 준비를 마친 상태였다. 수업이 시작되자, 할머니는 붓에 푸른색 물감을 묻혀 과감하게 그림을 그리기 시작했다. 할머니는 깊이를 알 수 없는 짙푸른 망망대해에 커다란 배 한 척을 그렸다. 한복을 입은 처녀들과 대오를 맞춰 서 있는 일본군들을 한 명 한 명 열심히 그렸다. 배는 항구를 떠난 지 그리 오래되지 않은 것 같았다. 할머니는 눈이 시리도록 푸른 하늘과 그 위로 날아가는 갈매기를 그렸다.

"엄청 큰 배에 우리 조선 처녀들이 가득 찼었지. 일본군도 그만큼 많았고. 그때 내가 열일곱 살이었는데, 다들 나이가 고만고만했어. 나는 돈을 벌 수 있다는 말에 속아서 배를 타게 됐는데, 거기 있는 다른 사람들도 모두 마찬가지였어. 정말 공장으로 가는 줄만 알았지. 그런 험한 데를 가리라곤 꿈에도 생각 못했어."

어린 처녀들은 대부분 매우 가난했다. 끼니를 때우기도 어려운 형편이었기에 돈을 벌 기회가 주어지는 것만으로도 커다란 행운으로 생각했다. 그 많은 처녀를 데려다 한꺼번에 위안소에 넣을 거라고는 그 누구도 상상하지 못했기에, 순진한 처녀들은 더 나은 미래를 꿈꾸며 그들이 내민 미끼를 덥석 물 수밖에 없었다. 어리고 순진하고 굶주린 처녀들은 거대한 제국주의의 악랄하고 음흉한 음모의 표적이 되었다. 태어나 처음 보는 푸른 바다를 배경으로 떠 있는 커다란 배는 순덕의 마음을 저리게도 하고 부풀게도 했다.

"배가 항구를 떠나려고 크게 고동 소리를 냈는데, 그 소릴 들으니까 이제 진짜 떠나는구나 하는 생각에 덜컥 가슴이 내려앉았지. 여기저기서 '어머니!' 하고 고향 쪽을 돌아보며 우니까 갑자기 울음바다가 됐어."

　　서로 이름도 고향도 모르던 처녀들은 눈물을 훔치며 한마음이
되었을 것이다. 그녀들은 자신들의 작은 몸이 부서지는 한이 있더
라도 열심히 일해 돈을 많이 벌어 돌아오겠다고 다짐하며 서로 눈
빛을 나누었을 것이다. 하지만 그것이 얼마나 허망한 꿈이었는지

아는 데는 채 한 달이 걸리지 않았다.

미술 수업은 이전보다 훨씬 더 적극적이고 능동적으로 변했다. 할머니는 그림의 제목을 '끌려가는 배 안'이라 짓고 예전과는 전혀 다른 모습으로 설명을 이어갔다. 생각해보면 그동안 김순덕 할머니는 심리적으로 위축되어 자신을 그릴 때도 뒷모습을 자주 그렸고, 그림 곳곳에 죄의식에 사로잡힌 요소들을 드러냈다. 하지만 〈그때 그곳에서〉를 그린 후 할머니의 심경에 변화가 생긴 것이 분명했다. 50년의 침묵을 깨고 처음 일본군 성노예제 피해자임을 밝혔을 때처럼, 그 그림을 그리면서 어떤 자각이 일어난 것이 틀림없었다. 자신감이 생기자 할머니의 그림 실력이 갑자기 발전했다. 지금까지 볼 수 없었던 능숙한 선들을 쓰며 어려워하던 인물을 그리기 시작했다. 그리고 그림에서 더 이상 뒷모습은 나타나지 않았다.

"할머니, 그동안은 사람의 뒷모습을 자주 그리셨는데 이제는 앞모습을 그리시네요?"

"그랬나? 그냥 실제로 이렇게 했으니까 이렇게 그렸지. 이때는 뭐가 뭔지도 모르고 공장에 돈 벌러 가려고 주욱 나래비로 서 있으라고 해서 서 있었으니까 그렇게 그렸어."

"여기 처녀들 얼굴 선 좀 보세요. 보통 선이 아니에요. 꼭 화가가 그린 것 같은데요?"

"에이, 미술 선생이 할머니를 또 놀린다."

"할머니, 진짜예요."

김순덕 할머니는 싫지 않은 듯 허허 하고 웃었다.

지금까지 암묵적으로 금기시됐던 위안소 이야기를 대화 주제로 삼을 수 있다는 것은 미술 선생으로서 꿈만 같은 일이었다. 강덕경 할머니에 이어 김순덕 할머니까지 자신의 가장 아픈 이야기를 그림으로 표현함으로써 내 가슴이 벅차올랐다. 내가 할머니들을 만나서 해야 할 일이 바로 이것이었구나 하는 확신이 들었다.

호기심

    할머니들을 만나러 가는 발걸음이 가벼워졌다. 불과 한두 달 전만 해도 어떻게 하면 할머니들이 상처를 그림으로 표현하게 할까 하고 혼자 끙끙댔는데, 드디어 할머니들이 자신들의 이야기를 그림으로 그리기 시작했으니 더할 나위 없이 희망적이었다. 다만 미술 선생으로서 내가 신경 써야 할 점은 할머니들이 자신들의 문제를 스스로 꺼내고 또 그것을 그림으로 완성할 수 있게 이끄는 것이었다. 그렇게 해야 앞으로 할머니들이 나에게 의지하지 않고도 혼자 그림을 그려낼 수 있을 테고, 그것은 할머니들의 자존감과 자립심을 키우는 데 꼭 필요한 일이었다. 나는 할머니들의 속도를 반 박자 늦게 따라가는 식으로 옆에서 지켜보는 것이 좋겠다고 생각했다. 그래서 할머니들의 그림 구상에 전혀 관여하지 않았고,

할머니들이 나를 필요로 하는 순간, 그것도 기술적 표현이 어려울 때만 개입하려고 노력했다.

감추려고 했던 지난 일들의 빗장이 풀리자, 할머니들은 하고 싶은 이야기가 쏟아져나오는 모양이었다. 특히 물체나 인물의 사실적 묘사를 좋아하는 강덕경 할머니는 그림으로 그리고 싶은 것이 늘어나면서 궁금한 것도 많아졌다.

"미술 선생, 내가 뭘 좀 그리고 싶은데 잘 안 되네?"

"뭔데요, 할머니?"

"손을 들고 만세 부르는 것처럼 하고 싶은데 어려워."

할머니는 인체의 동작들을 어려워했다.

"가만히 있는 사물은 잘 그리시잖아요. 사람의 움직임은 아직 많이 안 그려봐서 어려운 거예요."

나는 손을 번쩍 들어 만세를 했다. 자연히 얼굴이 하늘을 바라보았다.

"할머니, 제 얼굴을 잘 보세요. 같은 얼굴이라도 정면을 볼 때랑 고개를 들었을 때랑 형태가 다르죠? 제 이마랑 코, 귀의 위치가 어떻게 달라지는지 한번 말씀해보세요."

"넓었던 이마가 납작해지고, 콧대가 하나도 안 보이고, 콧구멍

이 커졌어. 귀가 눈 옆에 있던 것이 입술 있는 데까지 내려가 있
네. 턱이랑 목이 많이 보여.”

할머니는 내 얼굴과 스케치북을 여러 번 번갈아 보며 그림을
그렸다. 종이 위에는 한복을 입은 처녀가 손을 들고 만세를 부르
고 있었다. 새로운 사실이 재미있는지 할머니 입가에 웃음이 번
졌다.

“그럼 고개 숙인 것은 어떻게 그리나?”

나는 다시 고개를 숙였다.

"자, 제 이마랑 코랑 입, 귀가 어떻게 보이는지 다시 말씀해보세요."

"이마가 다시 넓어졌네. 이번에는 콧대가 길어지고, 콧구멍은 하나도 안 보여. 입도 턱도 잘 안 보이고, 귀는 다시 눈 옆보다 위로 올라갔어."

할머니가 신기한 듯 연신 쳐다보며 그림을 그렸다. 할머니는 고개 숙인 얼굴에 머리와 안경을 그려 넣었다. 이어서 강 할머니는 처녀가 한 손에 칼을 들고 일장기를 찌르는 모습을 그렸다. 일장기에서 피가 뚝뚝 떨어지고, 그 밑에는 일본 천황이 무릎 꿇고 고개 숙인 채 사죄하는 모습을 그렸다. 그림이 마음을 무겁게 짓눌렀다.

강 할머니가 그런 그림을 그린 데는 이유가 있었다. 일본 정부는 사과를 요구하는 할머니들에게 돈을 벌려고 '위안부'에 자원했다느니, 위안소는 민간에서 운영했다느니 하며 여전히 거짓말과 궤변을 늘어놓았다. 몇 달에 한 번씩 그런 뉴스를 들을 때마다, 할머니는 피가 거꾸로 솟는 듯한 분노를 어찌해야 할지 몰랐다. 가슴 깊이 응축된 묵은 미움과 괴로움의 감정을 밖으로 분출시켜야 했다.

"할머니, 오늘 미술 시간 어땠어요?"

"눈, 코, 입의 위치가 달라지는 게 재밌네."

"그렇죠? 그림은 원하던 대로 그려졌어요?"

"처음에는 속상하다는 생각에 머릿속이 터질 것 같았는데, 그리다 보니께 후련해지는 것도 좀 있고 참을 만해요."

이후 할머니는 표현이 익숙해질 때까지 이 그림을 몇 번이고 다시 그렸다.

며칠 후, 강 할머니가 그림 한 장을 그려놓고 나를 기다리고 있었다. 할머니는 자랑스레 그림을 펼쳐놓고 미술 선생의 눈치를 살폈다. 아마도 할머니는 이번 그림이 마음에 드는 모양이었다. 그림에는 우악스러운 남성들의 손이 배 밭 땅속에서 튀어나와 배를 따는 모습이 그려져 있었다. 그리고 탐스러운 배 안에는 한복을 입은 소녀들이 그려져 있었다.

"오호, 할머니, 이런 생각은 어떻게 하셨대요? 재미있어요."

그제야 할머니가 빙그레 웃더니 그림 설명을 시작했다.

"내가 가만히 생각해보니까, 배가 다른 과일보다 귀하잖아. 그래서 우리 조선 땅에 일본 놈들이 몰래 쳐들어와 맛있고 좋은 배를 막 따먹는 것을 그림으로 그리면 어떨까했지."

못다 핀 꽃

신이 나서 할머니의 목소리가 들떠 있었으므로, 나도 덩달아 즐거워졌다. 그림에서 '따먹는다'는 행위는 실제로 배를 따먹는 행위 그리고 일본군이 조선 소녀들과 강제로 성관계를 맺거나 정조를 빼앗는다는 이중적 의미를 담고 있었다. 그림에 대한 할머니의 열정을 느낄 수 있었다. 할머니는 주변의 사물들을 보며 그림으로 어떻게 표현할지 늘 생각하고 있었다.

할머니가 마음에 들어하는 이 그림을 큰 그림으로 옮기기로 했다. 첫 캔버스 그림에 이어 두 번째 그림부터는 할머니가 몸을 움직이기 쉽게 캔버스 천을 나무틀에 고정하지 않고 걸개그림을 그릴 때처럼 바닥에 펼쳐놓고 그리기로 했다. 매번 나무틀을 사고 준비하느라 시간과 비용이 들고 할머니들이 다루기도 쉽지 않아 약식으로 진행하기로 한 것이다.

"미술 선생, 이걸 어떻게 그리지? 너무 큰데?"

"그리고 싶은 크기만큼 먼저 연필로 흐리게 선을 그어놓고 해 보세요."

할머니는 그동안 데생을 하며 손을 많이 그려봐서 손 그림에 어느 정도 자신이 있었지만, 갑자기 커진 화면의 비례를 가늠하기 어려워했다. 그림 속 일본군의 손 모델은 할머니의 손과 내 손으

로 했다. 몇 번의 수정 끝에 그림이 완성되었다. 캔버스에 크게 그
림을 그리는 과정에서 다양한 형태와 화면 비례 등의 어려움을 다
루게 되면서 할머니의 그림 실력이 한 단계 더 뛰어올랐다. 하지
만 스케치를 하는 과정에서 도움을 드린다는 것이 할머니 고유의

선을 사라지게 만들었다. 더 이상 할머니의 그림에 손을 대서는 안 되겠구나 하는 생각이 들었다.

할머니는 〈빼앗긴 순정〉에 이어 완성된 또 하나의 캔버스 그림 앞에 섰다. 그림 제목을 '배를 따는 일본군'으로 정한 할머니는 완성된 그림을 흐뭇하게 바라보았다. 혜화동 한옥 아래채 마루 한가운데에 하루 종일 열정을 쏟아부은 그림이 펼쳐져 있었다. 나는 그림을 바라보는 강 할머니의 상기된 얼굴을 쳐다보았다. 살랑살랑 봄바람에 꽃 향기가 퍼지고, 해 질 녘 황금빛 봄 햇살에 할머니의 맑은 눈이 더욱 반짝반짝 빛났다. 나는 깊은 숨을 들이마시며 완벽하고 아름다운 그 순간을 만끽했다.

공출된 어린 시절

　김순덕 할머니가 내면의 상처를 표현한 그림 〈그때 그곳에서〉,
〈끌려가는 배 안〉 등을 그린 후 다시 고향 그림을 그렸을 때는 이
전과 확연히 달라져 있었다. 할머니 자신의 어린 시절을 그림에
구체적으로 담아내기 시작한 것이다.

　미술 수업 시간이 돌아왔다. 김 할머니는 머릿속에 그릴 것이
잔뜩 있는지, 수업을 시작하자마자 보챘다. 그리고 무작정 소나무
를 그려야 한다고 했다.

　"여기다 소나무를 좀 그려야 되겠는데."

　나는 여느 때와 똑같은 태도로 수업을 유도하려 했다.

　"할머니, 소나무가 어떻게 생겼지요?"

　"잎이 뾰족뾰족하고 사시사철 푸르지. 그런데 못 그려. 아이고,

내가 몰라서 그러는 거니까, 그러지 말고 하나 그려주면 보고 옆에다 그릴게.”

할머니가 또 떼를 썼다. 할머니의 완강한 마음이 느껴져서, 나는 할머니의 손을 잡고 함께 소나무를 그렸다. 기분이 좋아진 할머니는 소나무를 열심히 따라 그렸다. 몇 그루의 소나무가 더 그려졌다.

“어릴 때 우리 집이 산 근처에 있었어. 그래서 주변이 온통 소나무 천지였어. 여기 소나무 그림처럼.”

할머니의 마음은 어린 시절을 향하고 있었다.

“할머니, 소나무 숲이 멋져요. 이젠 소나무 혼자서 그리실 수 있겠어요?”

“그럼, 그럼!”

언제나 그렇듯, 목적을 이뤄낸 할머니의 대답은 시원시원했다.

김 할머니가 다음으로 그리고 싶은 것은 버섯을 따는 자신의 옆모습이었지만, 생각만큼 쉽게 그려지지 않아 속상해했다. 한참 동안 애쓰며 옆모습을 그린 할머니는 여기저기 버섯을 그린 후 그림을 끝냈다.

"미술 선생, 이 버섯이 지금은 얼매나 비싼 줄 알어?"

"무슨 버섯인데요?"

"송이버섯이여, 이것이."

할머니는 그림 속 버섯을 붓끝으로 톡톡 치며 말했다.

"이것을 따서 우리는 하나도 못 먹고 죄다 일본 놈들한테 갖다 바쳤어."

어릴 적 고생한 이야기를 하던 할머니가 말을 멈추고 그림을 한참 들여다봤다.

"미술 선생, 내가 또 그릴 것이 있는데……. 나도 덕경이처럼 큰 데다 그려야 하겠어."

갑작스러운 할머니의 말에 나는 당황했다. 그림 그리기에 자신 없어 하는 김 할머니가 그림을 배우는 방식은 한 소재를 꾸준히 여러 번 그려서 익숙해진 다음 다른 소재로 넘어가는 것이었다. 할머니의 이번 목표는 소나무와 사람의 옆모습이었다. 그것을 완성하는 데도 도움이 필요한 김 할머니에게 큰 그림은 아직 무리였다. 하지만 열심히 해서 캔버스에 그림을 그려내는 강덕경 할머니를 옆에서 지켜본 김 할머니는 자신도 크게 그리고 싶어 했다. 조금 빠른 감이 있었지만, 김 할머니가 큰 그림을 그리겠다면, 시작하기 전에 미리 다짐을 받아내야 했다.

"할머니, 스케치북 그림은 연습이니까 제가 가끔 도와드리지만, 크게 그리는 그림은 할머니의 이름을 걸고 그리는 작품이라서 제가 도와드리지 못해요. 혼자 다 그려야 되는데 하실 수 있겠어요?"

"할 수 있지 그걸 못해?"

"그래요? 어떤 그림을 그릴지 생각해보셨어요?"

"그럼, 그릴 것이 있으니까 그리려는 거지."

"좋아요, 그럼 약속하셨어요?"

처음 그림을 배울 때, 김 할머니는 무엇을 그릴지 몰라서 고민했다. 하지만 이제는 그리고 싶은 것이 계속 떠오르는데 표현하기가 어려워 힘들어했다. 커다란 캔버스 천이 거실 마루에 펼쳐지자, 할머니는 겁이 나는지 머뭇거렸다. 하지만 미술 선생과의 약속도 있고 해서, 선뜻 도와달라고 말하지 못하고 캔버스 천만 바라보고 있었다.

"할머니, 캔버스 천이 너무 크죠?"

"아따, 크네!"

말 걸어주기를 기다렸다는 듯 김 할머니가 아무것도 없는 하얀 천을 짚어가며 그림 설명을 했다.

"여기가 조선 땅인데, 내가 여기서 열매를 따고 있지. 그리고 이쪽은 일본 땅인데, 일본 사람이 씨를 뿌리고 있고……. 아이고, 근데 천이 엄청 크긴 크네."

일단 스케치북에 밑그림을 그려본 후, 할머니는 천 위에 어린 시절 순덕의 옆모습을 그렸다. 긴장한 선이 캔버스 위를 조심조심 지나 어리고 순진한 순덕의 모습을 그려냈다. 다행히 지난 시간에 옆모습 그리기를 연습한 덕분에 할머니는 무사히 소녀를 완성했다. 다음으로 할머니는 막대기처럼 자라난 나무줄기들에 열매를 그리기 시작했다. 나무에 이파리는 없느냐고 묻자, "이 나무가 원래 땅에 막대기를 꽂은 것마냥 이파리도 없이 주욱 자라나" 하고 대답했다. 할머니가 설명을 곁들여가며 보라색 열매를 하나씩 그리자, 주인공 소녀가 열매를 따고 있는 모습이 되었다. 한참 동안 수십 개의 보라색 열매를 하나하나 그리느라 조용하던 할머

니가 힘이 드는지, "아이고, 이
것도 농사짓는 거랑 똑같네!"
라고 외쳤다. 이 말에 거실에
있던 할머니들이 모두 웃었
다. 김 할머니도 잠시 허
리를 펴는 농부처럼
몸을 움직이며 따라
웃었다.

  그림 농사를 다 지은 할머니는 소녀 위로 조선의 산과 하늘을
그렸다. 그리고 왼쪽 일본 땅에 씨를 뿌리는 일본 남자를 그리기
시작했다. 할머니는 일본인의 옷매무새에 관한 기억이 가물거리
는지 그림을 그리고 있던 강덕경 할머니에게 확인을 했다. 그러
자 옆에서 구경하던 할머니들이 당신들이 알고 있는 것을 서로
알려주려고 해서 갑자기 거실이 왁자지껄해졌다. 남자 위로는 일
본의 산과 하늘이 그려졌다. 마지막으로 저 멀리 바다에 떠 있는
배 위에 끌려가는 조선 처녀들의 모습과 하늘을 나는 갈매기를
그리고 그림을 마무리했다. 김 할머니는 나와 약속한 대로 혼자
서 그림을 끝냈다.

"와, 할머니, 이 큰 그림을 혼자서 다 그리셨네요."

김 할머니 자신도 신기한 듯 얼굴에 흐뭇한 웃음을 매단 채 이야기했다.

"이건 베아리 열매라는 것인데, 우리 조선 땅에만 나는 거여. 이걸로 뭘 하느냐 하면 기름을 짠다고. 그래서 일본 놈들이 이 열매를 탐내는 거지. 비행기 기름이 부족하니까 이걸 가져다가 자기네 땅에 뿌려서 심구는 거지, 공출이라는 이유로. 공출이라면 징글징글해. 요만했을 때부터 그렇게 죽어라 일만 했다고. 그렇게 일하면 뭐 하나. 일본 놈들이 싹 다 긁어가면 먹을 게 없는데. 낭중엔 조선 처녀들도 데려갔지. 지난번 '버섯 공출'도 그렇고 조선 땅에 나는 건 죄다 가져갔어, 물건이건 사람이건."

'씨앗 공출'이라 제목을 붙인 이 그림은 세로쓰기처

못다 핀 꽃

럼 오른쪽에서 왼쪽으로 읽힌다. 김 할머니에게 공출은 인생에서 또 다른 한이었다. 단순히 농사지은 수확물을 빼앗긴 것을 넘어 담배 공출 때문에 아버지를 잃었고, 그 일로 가족이 뿔뿔이 흩어졌으며, 결국 돈을 벌러 공장에 가려다가 위안소에 끌려가게 되었기 때문이다.

평소 자신 없어 하고 의존적인 김 할머니가 혼자서 그 큰 그림을 완성할 거라고 나는 전혀 예상하지 못했다. 의지만 있다면 김 할머니도 혼자서 끈기 있게 그림을 완성할 수 있다는 가능성을 확인해서 기뻤다. 이후로도 김 할머니는 그림 연습을 거듭하며 할머니만의 순진하고 순박한 선을 만들어갔다.

악몽

김순덕 할머니의 악몽이 〈그때 그곳에서〉로 표현되고 얼마 후, 감춰져 있던 강덕경 할머니의 악몽도 모습을 드러냈다.

강 할머니의 꿈은 항상 우주의 암흑처럼 깊이를 알 수 없는 어둠에서 시작했다. 소리마저 삼켜버린 어둡고 침침한 공간 저 멀리서 점 하나가 움직이기 시작한다. 점은 꼬물거리더니 점점 가까이 다가오면서 작은 소녀로 변했다. 소녀는 얼굴에 울음을 매단 채 쓰러질 듯 달리고 있지만, 다리가 마음대로 움직이질 않는 모양이다. 금방이라도 터져버릴 것 같은 소녀의 거친 숨소리가 검은 공간 가득 울려 퍼졌다. 그때 어디선가 저벅저벅 소리가 났다. 발자국 소리는 점점 커졌다. 겁에 질린 소녀는 다시 한 번 죽을힘을 다해 내달렸다. 곧이어 집채만 한 군화가 소녀를 쫓아왔다. 죽어라

달려도 군화는 한 발이면 소녀를 앞질렀다. 어린 덕경은 잡혀 있던 위안소에서 물밀듯이 들어오는 일본군을 상대하며 군화만을 응시했다. 눈에 군화가 보이지 않아야 겨우 쉴 수 있었다. 일본 군인들이 밀려오는 토요일이면 아침부터 밤까지 군화의 줄도 끝없이 이어졌다. 그러나 영원할 것 같던 고통도 1945년 8월 15일 거짓말처럼 끝이 났다. 덕경은 지옥을 탈출해 고국으로 돌아왔지만, 전쟁이 끝났다고 모든 것이 사라진 것은 아니었다. 어느 날부터 그 몹쓸 군화는 다시 꿈에 나타나 덕경을 쫓아오기 시작했다.

아직 날이 새지 않은 깜깜한 새벽, 다시 군화의 악몽이 강 할머니를 찾아왔다. 할머니는 온몸의 세포들이 경직된 채 꼼짝할 수 없는 상태에 놓였다. 어찌어찌해서 몸을 뒤척이다 겨우 눈을 뜨면 옷이 땀으로 흠뻑 젖어 있었다. 그렇게 꿈에서 깨고 나면 다시 잠들기는 틀린 일이었다고 했다. 할머니는 몸을 일으켜 불을 켰다. 모두 잠든 시간, 파리한 형광등이 어둠과 새벽의 짙푸른 빛이 혼재된 공간을 가르며 빛을 밝혔다. 잠시 뒤, 할머니는 재떨이와 담배를 찾아 다시 앉았다. 담배를 한 대 물고 깊이 빨아들였다. 할머니는 익숙한 의식을 치르듯 무표정한 얼굴로 박복한 자신의 생에 대한 슬픔과 분노를 담배연기에 태워 날려보냈다. 그림을 그

리기 전 같았으면, 다시 모로 누워 잠이 오지 않는 눈을 껌뻑이
며 어둠 속에서 어딘지 모를 나락으로 떨어지는 자신을 바라보고
만 있었을 것이다. 그러나 이제는 달랐다. 할머니는 더 이상 꿈속
에서처럼 도망가지 않고 용기를 내어 그 두려움에 맞서고 싶었을
것이다.

할머니는 작은 밥상을 끌어당겨 상 위에 있는 스케치북을 펼쳤
다. 그런 다음 야윈 손으로 연필을 쥐고, 형광등 불빛이 비추는 푸
르스름한 도화지 위에 그림을 그리기 시작했다. 연필의 검은 흑연
이 짓이겨지면서 곧 검은 군화가 모습을 드러냈다. 군화는 세포분
열을 하듯 계속 옆으로 이어질 듯했다. 그러나 연필은 곧 멈추고
말았다. 할머니는 더 이상 그림을 그리지 못했다. 그리다 만 군화
를 한참 바라보다가 도화지를 덮고 말았다. 일흔의 나이가 되도록

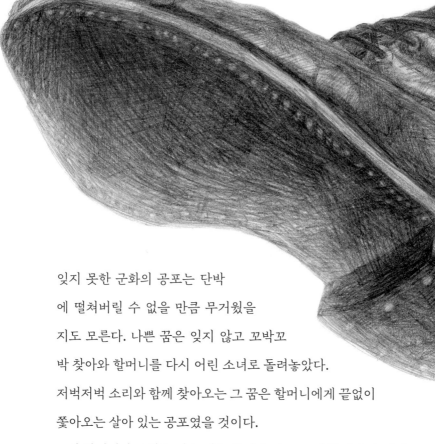

잊지 못한 군화의 공포는 단박
에 떨쳐버릴 수 없을 만큼 무거웠을
지도 모른다. 나쁜 꿈은 잊지 않고 꼬박꼬
박 찾아와 할머니를 다시 어린 소녀로 돌려놓았다.
저벅저벅 소리와 함께 찾아오는 그 꿈은 할머니에게 끝없이
쫓아오는 살아 있는 공포였을 것이다.

　강 할머니가 그림을 멈춘 데는 두려움 말고 또 다른 이유가 있었
던 것 같다. 할머니가 그림을 그리는 방식 때문이었을까. 할머니는
자신의 상처를 그릴 때 단지 다큐멘터리처럼 사실적으로 묘사하
는 데 그치지 않았다. 자신이 겪은 일에 서사를 더해 비유와 상징
을 나타냈고, 그것이 강 할머니 그림의 특징이 되었다. 그날 밤 할

머니의 고통들은 공포에 짓눌린 나머지 이야기를 덧붙이지 못했는지도 모른다.

"할머니, 지난번에 그린 군화 그림 어떻게 했어요?"

"아, 그거. 마음에 안 들어서 없애버렸어요."

할머니는 별거 아니라는 듯 흘려 말했다. 할머니에게는 시간이 더 필요해 보였다. 그래도 강 할머니는 가능한 자신의 이야기를 그림으로 그려내려 했고 그림을 그리지 않는 순간에도 어떻게 그릴지 계속 생각했다. 강 할머니가 김순덕 할머니에게 이렇게 말한 적이 있다.

"행님, 그림을 그리고 있으면 괴로운 것도 조금 사라지고 맘도 좀 나아지고 그래요."

그렇게 애쓰며 육체적 힘을 다 쓰고 나면 곯아떨어졌다. 악몽을 꾸지 않는 짧고 깊은 단잠이었을 것이다.

잡동사니

김순덕 할머니는 무엇이든 모으는 데 일가견이 있었다. 항상 바쁘게 뭔가를 하거나 주변을 돌아다니며 이것저것 모았다. 그런 할머니를 보고 강덕경 할머니가 한마디 했다.

"행님은 한시도 가만히 있질 못하고 뭘 그렇게 바쁘게 돌아다녀요?"

"아, 내가 닭띠라서 아침부터 저녁까지 부지런히 돌아댕기는 거여."

닭을 좋아하는 김 할머니는 닭과의 연관성을 생각해내서 기분이 좋은지 웃으며 대꾸했다.

김 할머니는 새벽부터 일어나 동네를 한 바퀴 돌며 누가 버리려고 내놓은 물건 중에 쓸 만한 물건이 있는지 둘러보는 것으로 하루 일과를 시작했다. 당장은 필요 없지만 나중에 쓸 수 있을 듯한 물건들을 이것저것 가지고 왔다. 물론 김 할머니뿐 아니라 다른 할머니들도 일명 '동네 한 바퀴'로 세간살이를 제법 장만했지만, 김 할머니를 따라올 사람이 없었다. 김 할머니 방에는 크게는 장롱과 서랍장부터 작게는 벗겨지고 찌그러진 프라이팬과 냄비, 작은 화분, 심지어 오래된 떡과 사탕까지 온갖 물건이 그야말로 구석구석 '꼬불쳐져' 있었다. 보통 사람들도 물건을 수집하는 증상을 어느 정도 가지고 있다지만, 김 할머니의 방은 약간 염려될 정도로 물건이 많아 보였다.

할머니는 성격이 밝고 긍정적이었기에, 처음에는 부지런함이 타고난 성품인 줄로만 알았다. 그러나 〈그때 그곳에서〉를 그린 후 할머니의 남다른 행동이 눈에 들어오기 시작했다. 물건을 계속 모으려 한다든가, 한 가지 일을 하다가 마무리하지 않은 채 금세 다른 일을 벌인다든가 하는 할머니의 행동은 실은 불안한 마음을 해소하기 위한 방편이었다. 할머니는 부지불식간에 떠오르는 과거의 상처를 피하기 위해 무엇이든 해야 했다. 그러니 할머니의 부산스러움은 타고난 성품에서 비롯된 것이 아니라 과거의 악몽으로부터 도망치기 위해 수십 년 동안 혼자서 애써온 몸에 밴 습관이었던 것이다. 김 할머니는 이런 속내를 털어놓는 대신 밝게 타고난 본성대로 매사에 웃으며 나쁜 감정을 날려보내는 듯했다. 그런데 걱정스럽게 보이던 할머니의 수집증이 긍정적인 효과를 발휘하게 된 중요한 사건이 일어났다.

미술 수업을 시작하려는데, 김 할머니가 수업 준비는 안 하고 장롱을 뒤적거리더니 곱게 꽃을 수놓은 천 여러 장을 꺼내놓았다.

"미술 선생, 이것 좀 봐."

"할머니, 웬 자수예요?"

"글쎄 누가 이걸 버렸더라고, 아깝게……. 누군가 정성껏 수를 놓았을 텐데."

할머니가 동네 한 바퀴를 돌며 찾아낸, 버려진 병풍에서 떼어낸 자수였다. 깨끗이 세탁해서 액자를 만들거나 표구를 하고 싶어서 표구사까지 찾아가보았으나 비용이 생각보다 만만치 않아 장롱 깊숙이 넣어두고 있었는데, 혹시나 뾰족한 수가 있을까 하여 미술 선생인 내게 꺼내 보인 것이다.

"이 꽃들 고운 것 좀 봐! 이것으로 뭘 할 수 있을까?"

한동안 자수를 뒤적이며 아까워하는 할머니를 보다가, 한 가지 생각이 떠올랐다.

"할머니, 이 자수를
이용해서 그림을 그려볼
까요?"

"수에다 그림을?"

"네, 어떤 자수가 제일
마음에 드세요?"

김 할머니는 한참을 뒤적
이더니, 탐스러운 목련꽃 자수를
집어들었다.

"여기 봉오리를 터뜨리기 전 목련꽃이 꼭
내 신세 같네. 제일 이쁠 적에 제대로 한번 피어보지도 못한 것이
나랑 닮았어"

할머니는 쓸쓸한 눈빛으로 경남 의령군 산골에 살던 열일곱 어
여쁜 소녀를 찾아 헤맸다. 할머니는 눈을 감고 잠시 생각에 잠겼
다. 평소 낙천적이고 즐거운 모습만 보여주던 터라 할머니의 우
울한 표정이 조금 낯설게 느껴졌다. 할머니의 곱게 주름진 얼굴
이 내 눈 가득 들어왔다. 할머니는 눈을 감은 채, 그림 그리기 전
무엇을 어떻게 그릴지 생각해보라는 미술 선생의 당부를 성실히

수행하는 중이었다. 잠시 후 할머니가 눈을 떴다.

"미술 선생, 요기 봉오리 맺힌 목련꽃 뒤편에 옛날 내 어릴 때를 그리면 어때?"

"할머니의 어린 시절 모습이 꽃봉오리처럼 진짜 예뻤을 것 같아요!"

"이쁘다는 소린 좀 들었지, 내가."

할머니는 입가에 미소를 지으며 금세 다시 밝은 얼굴이 되었다.

"미술 선생, 그럼 이 그림의 제목을 '짓밟힌 꽃'이나 '못다 핀 꽃'으로 하면 어때?"

"'짓밟힌 꽃'은 다시 못 피지만 '못다 핀 꽃'은 다시 필 희망이 있으니 '못다 핀 꽃'이 어떨까요?"

제목을 미리 정해놓고 그림을 그리는 것도 김 할머니만의 버릇이었다.

드디어 바라 마지않던 꽃 자수를 활용할 기회를 얻은 김 할머니는 기대와 흥분에 휩싸여 얼굴이 상기되었다. 상 위에 자수를 펼쳐놓고, 팔레트에는 고운 색의 물감들을 열 맞춰 짜놓았다. 분홍색과 노란색과 흰색을 섞은 붓이 앳된 소녀의 얼굴색을 만들어냈다. 붓은 긴장한 듯 가녀리게 떨면서, 목련꽃 봉오리 뒤 반짝이는

짙은 감색 공단의 어둠 속에 숨어 있는 소녀를 불러냈다. 수줍은 소녀의 볼이 할머니의 볼처럼 발그레해졌다. 그러나 열심히 붓질을 하던 할머니가 얼마 지나지 않아 갑자기 손을 멈추더니 울상이 되어버렸다. 생각처럼 잘되지 않는 모양이었다.

"아이고, 나는 얼굴을 좀 길쭉하게 그리고 싶었는데 달덩이처럼 동그랗게 돼버렸네."

애벌칠을 하지 않은 생천에 물감이 쉽게 먹지 않아 붓이 마음

먹은 대로 움직여주지 않는 것 같았다. 게다가 자수가 놓인 귀한 천이라 생각하니 실수해서 망치지나 않을까 부담이 되었던 모양이다.

"미술 선생, 이것 좀 고쳐줘."

"네? 할머니, 원래 긴장하면 더 안 돼요. 일단 그림을 더 그려보시고, 얼굴은 색연필로 재료를 바꿔서 그려봐요."

실망한 할머니를 겨우 달래서 다시 그림을 그리게 했다. 한복 차림의 소녀가 목련꽃 뒤에 서 있는 모습이 점점 드러났다. 마지막으로 가장 중요한 얼굴을 그릴 차례였다. 할머니는 종이에 여러 번 연습했지만, 실제로 자수 위에 그릴 때는 여전히 겁을 먹고 있었다. 그런데 할머니의 염려와는 달리, 흔들리는 선으로 그려진 소녀의 슬픈 눈망울은 자기 앞에 놓인 두려운 운명을 바라보고 있는 듯 표현이 아주 절묘했다.

"와! 할머니 눈처럼 순하게 잘되었는데요? 마음에 드세요?"

"아까보다는 좀 나아. 그래도 얼굴이 아직도 좀 동그랗네."

할머니는 실수로 동그랗게 되어버린 얼굴이 자신의 어린 시절과 달라 조금 아쉬워하면서도, 아까운 자수를 활용해 작품을 완성한 뿌듯함에 한참을 바라보며 미소 지었다.

그렇게 해서 김순덕 할머니의 대표작 〈못다 핀 꽃〉이 탄생했다. 김 할머니는 자신의 그림 실력을 못마땅하게 여길 때가 많았지만, 할머니의 그림에서는 순수한 어린아이의 그림처럼 본능과 직관에 충실한 표현을 자주 볼 수 있었다. 그것은 단순하면서도 생동감 넘치는 아름다움이었다. 특히 김 할머니의 그림에서는 투박한 질그릇이나 풍파에 깎이며 희미한 미소를 머금고 있는 돌하르방 같은 푸근한 한국의 정서가 묻어났다.

하지만 다른 한편으로 이해되지 않는 부분이 있었다. 일본군 성노예로 끌려가 끔찍한 일을 당했는데도 표현이 매우 순하고 수동적이라는 점이다. 나는 그동안 할머니와 함께 미술 수업을 해온 경험을 바탕으로 그 이유를 몇 가지 짐작만 할 뿐이었다. 우선 할머니의 밝고 긍정적인 성격이 그림에서 순수하고 단순하게 표현되었을 수 있다. 한편으로는 여성의 순결을 목숨처럼 중시하던 시대에 죄책감 때문에 고향으로 돌아가지 못한 채 평생 동안 과거를 숨기며 살아온지라 감정을 드러내는 일이 익숙지 않아 단순하고 수동적으로 표현되었을지도 모른다. 그러나 좀 더 근본적으로 김 할머니가 여전히 일본에 대한 공포심과 피해의식에 사로잡혀 있기 때문이 아닐까 싶었다. 할머니는 종종 일본이 다시 쳐들어올지

모른다고 경고할 때가 있었다. 나 같은 전후 세대가 일본의 잔인함을 충분히 인식하지 못하는 것도 할머니에게는 큰 걱정이었다. 또한 김 할머니는 만약 일본이 또다시 쳐들어온다면 자신의 그림들이 핍박의 소지가 될 수도 있을 거라며 염려했다. 특히 자신이 그린 그림 때문에 당신 자손들에게까지 피해가 가지 않을까 걱정했다. 나는 이런 이유로 인해 김 할머니가 그림을 소극적으로 표현하는 것은 아닐까 하는 생각이 들었다.

〈못다 핀 꽃〉에서도 김 할머니는 피지 못한 목련을 자신과 동일시하면서도, 직접적 표현을 삼가고 거센 폭풍 같은 운명 앞에 무방비로 노출된 순박한 꽃봉오리처럼 여리고 슬픈 아름다움만을 보여주었다. 그러나 아이러니하게도 바로 그 점이 할머니 그림의 강점이 되어, 보는 이의 마음에 호소하는 강력한 힘을 발휘했다. 더불어 '못다 핀 꽃'이라는 제목에 깃든 애잔한 정서가 많은 사람의 공감을 불러일으켰다. 김순덕 할머니의 〈못다 핀 꽃〉은 일본군 성노예제 피해자 할머니들을 대변하는 상징적 작품으로서, 많은 사람에게 백 마디 말보다 더 큰 감동을 주었다. 또한 이 그림의 독특한 기법도 주목할 만하다. 〈못다 핀 꽃〉에 사용된 동양 자수는 누가 만들었는지 알 수 없는 작품이었다. 이미 만들어진 작자 미상의 자수 위에 그림을 결합시킨 방식은, 전통적인 회화에서 벗어나 조금 과장해서 말하면 포스트모던하기까지 하다. 이 작품 이후 자수는 김 할머니의 버려진 물건 수집 목록에서 영순위가 되었다.

박옥련 행님

　　나눔의 집에 와서 같이 살게 된 할머니들은 예민하게 부딪칠 때도 있었지만 시간이 흐를수록 동병상련의 정으로 형님 아우님 하며 서로 기대고 의지하게 되었다. 그중 박옥련 할머니와 강덕경 할머니는 사이좋은 큰언니와 막냇동생 같았다. 박옥련 할머니는 점잖고 조용한 성격으로, 항상 웃음이 가득한 얼굴로 사람들을 반겼다. 박 할머니는 미술 수업에 직접 참여하지는 않았지만, 강덕경 할머니와 김순덕 할머니가 처음 그림을 배우던 시절부터 계속 옆에서 지지하고 응원해주었다. 자매 같은 박 할머니와의 우정은 강 할머니의 그림에 고스란히 나타나게 되었다.

　　박옥련 할머니의 이야기는 심상 표현 이후 미술 수업이 좀 더 자유롭게 바뀌고 있을 때 강 할머니의 그림에 처음 등장했다. 강 할머니가 새로운 미술 수업에 아직 마음을 활짝 열지 못할 때였으므로, 나는 강 할머니에게 신경을 쓰고 있었다. 특별한 주제 없이, 그리고 싶은 것을 그리는 날이었다. 골똘하게 고심하던 강 할머니가 결심이 섰는지 하얀 종이에 푸른색으로 붓질을 했다. 깊고 조용한 바다가 도화지 가득 펼쳐졌다. 그러다가 갑자기 붓놀림이 빨라졌다. 할머니는 푸른 바다 위에 알 수 없는 충격이 가해진듯 회오리치는 물결을 거침없이 그려나갔다. 나는 호기심에 사로잡혀 할머니의 일거수일투족을 놓치지 않고 지켜보았다. 갑작스러운 충격이 연달아 전달되면서 잔잔하던 해수면에 사나운 파도가 일었다. 그리고 그림 한가운데에 거대한 소용돌이가 생겼다. 예사롭지 않은 변화에 모든 눈길이 강 할머니에게 쏠렸다. 물감이 마르길 잠시 기다리는 동안, 할머니는 입술을 꼭 다문 채 색색의 색연필들을 뒤적였다. 야위고 예민한 손이 어떤 색을 고를지 망설이더니, 하얀색 색연필을 집어들었다. 그리고 소용돌이의 중심에 두 손을 번쩍 든 사람을 그리기 시작했다. 연약한 선으로 그려진 여성은 금방이라도 검푸른 바닷속에 빠져 허우적거리며 사라질 것 같았다. 그림을 끝낸 강 할머니가 자기 그림을 바라보았다. 그러더니 뭔가 허전하다고 느꼈는지, 물에 빠진 여성 너머 멀리 하늘을 날아가는 갈매기를 그려 넣었다. 홀로 망망대해에 빠져 목숨이 경각에 달린 여성이 한가롭게 줄지어 날아가는 갈매기로 인해 더욱 위태롭게 느껴졌다. 강 할머니가 그린 그림 속 사연이 궁금해졌다.

"일본군 위안소에 끌려갔던 여자들이 고향에 돌아간다고 기대에 부풀어 일본 군함을 탔대요. 그런데 한참을 가다가 배가 갑자기 공격을 당했는지, 고막이 터질 것 같은 커다란 소리와 함께 배에 거센 물줄기가 밀려왔대요. 물살이 어찌나 센지 바로 옆에 있던 임산부가 그 물살에 떠내려가고, 뭐라도 붙잡아야겠다 싶어 난간을 죽어라 붙들고 있느라 혼이 다 빠졌는데, 배가 두 동강이 났는지 모든 것이 바닷물에 휩쓸려가고, 정신을 차려보니 바다 위에서 나무 판자 한 조각을 붙들고 있더래요. 누가 불러서 보니까, 바다에 둥둥 떠 있는 사람들끼리 큰 판자 더미를 붙들고 같이 모여 있더래요. 살려면 흰 천으로 구조 신호를 보내야 한다는데 흰 천을 가진 사람이 아무도 없어서, 창피한 것도 모르고 입고 있던 빤스를 벗어서 신호를 보내 겨우 작은 보트에 올라탔대요. 그렇게 몇 시간을 바다에 떠서 기다리다가, 일본 군함이 살아남은 일본군을 태우러 와서 겨우 살아났대요."

"할머니, 그게 누구 이야기예요?"

강 할머니의 이야기인 줄 알고 잔뜩 기대했던 나는 의아했다. 내가 아무리 티를 내지 않으려고 노력해도, 당신들의 이야기를 그림으로 그리기 바라는 내 의도를 강 할머니는 이미 눈치채고 있었을 것이다.

"아, 옆에 있는 옥련 행님 이야기예요."

아직까지는 자신의 이야기를 쏟아낼 용기가 없었던 강 할머니가 고심 끝에 박옥련 할머니의 이야기를 대신 그린 것이다.

1942~1945년 일본군은 남태평양의 라바울을 점령했고, 그곳에도 예닐곱 개의 위안소를 설치했다. 그중 하나인 라바울 위안소에 젊은 박옥련이 있었다. 군 간호보조로 자원해온 스물넷의 옥련은 섬에 도착한 첫날부터 영문도 모른 채 방으로 쳐들어오는 일본군을 상대해야 했다. 전쟁의 비극은 이국땅 태평양 남서쪽 라바울에서도 똑같이 재현되고 있었다. 저항하는 처녀들은 일본군의 총칼에 위협당하고 돈을 갚으라는 협박으로 다스려졌다. 라바울로 오기 전 이 여성들을 일본군에 넘긴 가족이나 관련된 자들이 몸값으로 돈을 받았던 것이다. 자포자기한 50여 명의 여성들은 하루 종일 밀려드는 일본군 때문에 잠시도 쉴 틈이 없었다. 일본군

의 손에는 돈이 된다는 종잇조각이 들려 있었다. 그 종이들을 모아두면 나중에 우체국에서 돈으로 환산해 통장으로 바꿔준다고 했다. 한두 해가 지나고 공습이 심해지자, 여성들은 고향에 보내달라고 계속 항의해 마침내 고국으로 돌아가는 일본 군함에 올랐다. 하지만 배가 어뢰의 공격을 받는 바람에 50명 중 열다섯 명만 살아남아 지옥 같은 섬으로 다시 돌아가야만 했다. 물론 통장으로 바꿔준다는 종잇조각은 모두 사라진 채 목숨만 건졌다. 이후 박옥련 할머니는 힘겨운 생활을 이어가다가 1944년 고향으로 돌아가는 배를 다시 타게 되었지만, 또다시 연합군의 공격을 받아 바다에 빠졌고, 다행히 구조되어 지옥 같은 섬으로 돌아가지 않고 일본 시모노세키 항구를 통해 부산으로 돌아올 수 있었다.

그림 〈물에 빠진 여인〉은 망망대해에 빠져 죽기 직전 젊은 옥련의 공포를 나타내고 있었다. 한 번도 아니고 두 번이나 겪은 공습과 물에 대한 공포는 박 할머니 인생에서 쉽게 잊히지 않을 문제로 보였다. 나는 이 그림을 통해 일본군 성노예로 끌려간 할머니 모두가 기막힌 비극의 주인공들임을 다시 한 번 되새겼다. 상상하기 힘든 역경과 죽음의 고비를 경험했음에도 불구하고 항상 하회탈처럼 웃음을 잃지 않는 박 할머니의 모습에 경외심마저 들었다.

박 할머니의 그 고단했던 삶이 막내 여동생 같은 강 할머니의 손을 통해 그림으로 기록되고 있었다.

박 할머니의 이야기 〈물에 빠진 여인〉을 그린 지 얼마 되지 않아, 강 할머니에게도 커다란 변화가 생겼다. 〈빼앗긴 순정〉을 시작으로 마침내 자신의 이야기를 그려내기 시작한 것이다. 이후 강 할머니는 다시 한 번 박옥련 할머니의 이야기를 그렸다.

어느 날 나눔의 집에 들어서는데, 할머니들이 거실에 모여 고추 이야기를 주고받는 소리가 들렸다. 나는 할머니들이 김치를 담그시려나 보다 하며 집 안으로 들어섰다.

"월남 고추는 우리 고추랑 영판 달러~. 애기 손바닥마냥 쬐그맣게 생겼는디, 맛은 또 월매나 징허게 매운지, 아주 눈물 콧물 다 뺀당게~."

박옥련 할머니가 다른 할머니들에게 이야기를 하고 있었다. 보통 박 할머니는 다른 할머니들이 대화를 할 때 조용히 듣고 있다가 정곡을 찌르는 한마디로 사람들을 웃게 만들곤 했다. 그런데 어쩐 일인지 이번에는 박 할머니가 주도적으로 이야기를 이끌고 있었다. 인사를 하며 할머니들이 모여 있는 거실에 들어가보니, 할머니들 앞에는 고추가 아닌 강 할머니의 스케치북이 펼쳐져 있었다. 그림을 보는 순간 나는 강 할머니가 〈빼앗긴 순정〉에 버금가는 또 하나의 멋진 작품을 그려냈구나 하며 감탄했다. 그림에서 눈을 뗄 수가 없었다.

"와~ 할머니, 너무 멋져요. 야자수도 있고, 화산도 있고, 그림이 참 이국적이네요. 그리고 이 빨간 꽃들이 참 예쁘네요."

거실에 모여 있던 할머니들이 내 감상평을 듣더니 한바탕 웃었다. 박옥련 할머니가 영문을 몰라 하는 나를 놀렸다.

"아이고, 미술 선생도 모른당가? 이것은 꽃이 아니고 고추여, 고추~."

"옥련 할머니, 어떻게 그렇게 잘 아세요?"

"내가 키워봤으니까 알제~."

할머니가 노래하듯 흥겹게 대답했다. 알쏭달쏭한 그 이야기에 강 할머니가 설명을 덧붙였다.

"미술 선생, 이 그림은 옥련 행님이 있던 데 이야기를 듣고 그린 거예요."

그림에는 우리나라 산과 들에서는 볼 수 없는 야자수가 길게 늘어져 있고, 파인애플도 자라고 있었다. 멀리서는 활화산이 연기를 내뿜었다. 마당 가득 피어 있는 월남 고추들이 꽃처럼 사람의 마음을 잡아끌었다. 붉은 지붕의 위안소 계단에는 어린 여성이 홀로 앉아 있었다. 그녀의 실제 이름은 박옥련이었으나, 위안소 2층 그녀의 방 앞 명패에 '시즈코'라 써놓고 다들 그녀를 그렇게 불렀다. 그림 속 옥련은 꿈에도 상상하지 못한 그 풍광 속으로 들어오게 된 이유를 곱씹으며 홀로 생각에 빠져 있었다.

옥련의 집은 가난했다. 그래서 열여섯에 잘사는 집이라는 소문을 믿고 일찌 혼인했으나, 시집은 식구가 아홉이나 되고 죽도 못 먹는 형편이었다. 속아서 결혼했다는 사실을 깨닫고 도저히 살 수 없어 도망을 쳤고, 열여덟 살에 집안도 좋고 형편도 괜찮은 집에 재취로 다시 시집을 갔다. 스무 살에 사내아이를 낳았으나, 술만 먹으면 의처증이 심해지는 남편의 폭행에 시달려야 했다. 설상가상으로 남편이 일본군에 여성들을 팔아넘기는 업자들의 꾐에 빠져 자기 부인인 옥련을 넘기기로 하고 돈을 받아 챙겼다. 옥련은 자신도 모르는 사이에 감당하기 어려운 큰 빚을 진 신세가 되었다. 빚쟁이들에게 시달리던 옥련은 결국 빚을 갚기 위해 위험한 만큼 수당을 많이 준다는 군 간호사 일을 자원해 배를 타게 되었다.

그림 속 옥련이 일본군이 줄지어 밀려드는 현실을 외면하듯 무

표정한 얼굴로 얼이 빠져 있는 이유는 오로
지 사무치게 보고 싶은 아이 때문이었다. 생
때같은 아들을 빼앗기고 도망칠 수도 없는 머
나먼 곳으로 끌려온 옥련에게 어린 아들은 애
끊는 그리움의 대상이었다. 옥련은 돌아갈 날
만 손꼽아 기다렸다. 생명력을 뿜내며 절정
에 이른 이국의 자연은 옥련의 운명과 대조를
이루었다. 이 슬프고도 아름다운 그림은 한

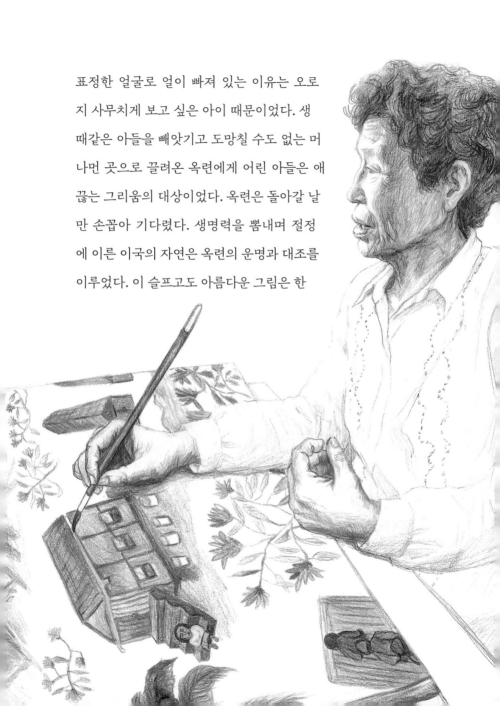

편의 애절한 시가 되었다.

이 그림도 커다란 캔버스에 옮기기로 했다. 두어 번 캔버스에 그림을 그려본 강 할머니는 이제 큰 화면에 제법 익숙해 있었다. 강 할머니가 하얀 캔버스 중앙에 붉은 지붕의 2층짜리 위안소를 그리기 시작했다.

"미술 선생, 여기 계단이 좀 복잡한데?"

강 할머니는 2층으로 올라가는 계단을 그리는 것이 헷갈리는지 나에게 도움을 청했다. 나는 할머니와 함께 집 마당에 있는 계단 앞으로 갔다. 실제 계단을 보며 입체에 대한 설명을 듣자 이해가 되었는지, 할머니는 고개를 끄덕이며 캔버스에 계단을 그렸다. 그리고 위안소 2층 다닥다닥 붙은 방들에는 일본군이 성노예 여성들을 쉽게 부르려고 멋대로 지은 일본 이름들을 적었다.

"할머니, 여기는 라바울이라 많이 더웠겠어요. 옥련 할머니한테서 위안소가 어땠는지 들으셨어요?"

"대충 들었는데, 옥련 행님이 방 앞에 이름이 쓰여 있었다는 말만 해서 이렇게 그렸지."

강 할머니는 박 할머니에게 위안소 그림을 확인받으러 갔다. 그리고 다시 돌아와 위안소 문과 창문을 모두 열어놓은 모습을 더 그렸다. 이제 할머니는 위안소 계단에 앉은 젊은 박옥련을 그렸다. 스케치북에서는 평상복 차림이었던 옥련이 캔버스에서는 한복을 입은 모습으로 그려졌다. 강 할머니는 옥련에게 한복을 입혀 성노예로 끌려간 처녀들이 조선인이었다는 것을 강조하고 싶어 했다. 강 할머니가 자신의 아픔과 더불어 함께 지내는 박 할머니의 이야기까지 그림으로 풀어놓는 모습에 나는 가슴이 뭉클해졌다. 두 분의 다정한 모습을 어딘가에 기록할 수 있으면 좋겠다고 생각했다.

"할머니, 혼자 앉아 있는 옥련 할머니가 너무 외로워 보이지 않아요?"

"행님이 그러는데, 실제로 라바울 위안소에 행님의 단짝이 하나 있었대요."

강 할머니는 얼른 그림에 한 명을 더 그려 넣었다. 혼자이던 옥련 옆에 친구를 그리니 두 사람이 꼭 강 할머니와 박 할머니 같았다. 물론 그 시절 박 할머니는 라바울 위안소에 있었고 그림을 그린 강 할머니는 일본 마쓰시로 위안소에 있었으니, 두 할머니가 함께 있는 것은 불가능했다. 내가 그림 속 두 사람이 꼭 박 할머니와 강 할머니 같다고 말하니, 그림을 그리던 강 할머니가 웃었다.

그림 속 공간이 지옥이긴 했지만, 두 사람은 서로 위로하고 의지하는 자매 같았다. 그림 그리는 일이 아니었으면 이런 이야기를 자세히 풀어놓을 기회가 없었을 것이다. 두 할머니는 그림의 힘을 매개로 서로에게 기대고 있었다.

강 할머니와 박 할머니의 대화가 내 귓가에 들리는 듯했다.

"행님 있던 데는 어땠소?"

"자네 야자수 본 적 있능가? 애들 축구공만 한 열매들이 나무 꼭대기에 대롱대롱 매달려 있었재. 멀리 화산에서는 시커먼 연기가 하루 종일 솟구쳤고⋯⋯."

"행님, 잠깐만 기다려봐요, 내가 그려볼 테니."

"군 병원에서 일하면 돈 많이 준단 소리 듣고 한 달 반이나 걸려 도착한 곳이 라바울이었지. 뻘건 지붕의 이층집이었는데, 첫날부터 일본 군인들이 방으로 쳐들어오니까 암것도 모르던 여자들이 놀래가지고 싸우느라 난리가 났어."

"행님은 어디 있었소?"

"2층에 세 명이 있었는데, 나는 거기 있었지. 낭중에는 빗물 받는 통을 처마 밑에 갖다 놓고 그 물을 받아서 씻기도 하고 빨래도 했지. 사방을 둘러봐도 바다라 도망칠 곳도 없었어. 시간이 좀 지나니까 두고 온 자식이 생각나서 미칠 것 같았지. 그놈들이 줄지어 죽 들어오던 생각만 하면……. 징허지, 징해."

1995년, 민족미술협의회 주최로 예술의전당에서 열린 '해방 50년 역사 미술전'에 할머니들의 그림이 다른 화가들의 그림과 함께 전시되었다. 나는 할머니들을 모시고 전시회에 갔다. 안방보다 깨끗하고 밝은 전시장이 낯선 박옥련 할머니는 조심스레 한 발 한 발 걸음을 옮겼다. 박 할머니는 그림들을 둘러보다가, 〈물에 빠진 여인〉과 〈라바울 위안소〉 앞에 서서 오래오래 감상했다.

만남

    혼자 힘으로 큰 캔버스에 〈씨앗 공출〉을 그려낸 김순덕 할머니는 그림을 그리는 데 어느 정도 자신감이 생겼는지 어느 때보다도 적극적으로 미술 수업에 참여했다. 이제 내가 특별히 주제를 제시하지 않아도 김 할머니는 혼자 그림을 구상했다.

    하루는 할머니가 그림 구상을 하느라 눈을 지그시 감고 있었다. "할머니, 오늘은 무슨 그림을 그리실 거예요?" 하고 묻자, 김 할머니는 감았던 눈을 번쩍 뜨며 말했다.

    "두 사람이 이렇게 서로 껴안으려는 것은 어떻게 그리면 되는 거여?"

    "그 두 사람이 누군데요?"

    "남쪽에만 우리 같은 할머니들이 있는 게 아니여~. 북한에도

있더라고. 남북 할머니들이 만나는 것을
좀 그리고 싶은데……"

나는 할머니와 손을 맞잡고
포즈를 취해보았다. 할머니는
도움이 되었는지 곧 남북의 두
할머니가 두 팔 벌려 반갑게 만
나는 모습을 그렸다. 할머니의 주
름진 얼굴과 한복을 입은 모습이 그
림에 잘 표현되었다. 김 할머니의 그림
실력은 눈에 띄게 좋아졌고, 순수하고
순박한 선도 할머니만의 개성으로 확실
하게 자리를 잡아가고 있었다. 나는 그런
할머니의 모습이 내심 무척 반가워 웃음
이 나왔다.

"미술 선생, 내가 우리나라 지도를 좀 그려야겠는데, 한 번도
안 그려본 지도를 어떻게 그리지?"

내가 지도를 한 장 그려서 보여드리자, 할머니는 도화지에 삐
뚤빼뚤한 선으로 천천히 정성스럽게 따라 그렸다. 한복을 입은

남북의 할머니들이 38선이 없는 한반도 지도 안에서 만나는 모습을 보는 것만으로도 가슴이 뭉클해졌다. 그림 속 두 할머니가 어렸을 적에는 한반도가 하나였구나 하고 생각하니 남과 북이 분단된 것이 그리 오래된 일도 아닌 것 같았다.

김 할머니는 다음으로 한반도를 둘러싼 무궁화를 그려야겠다고 했다. 할머니는 그림을 잘 그리는 강덕경 할머니에게 많이 의지하는 편이었다. 강 할머니가 그린 소재를 눈여겨보았다가, 따라 해보기도 하고 변형해서 그리기도 했다. 그래서 강 할머니의 그림과 비슷하게 그릴 때가 종종 있었다. 김 할머니는 무궁화가 핀 조선 땅에 일본 군인들의 손이 불쑥 들어와 탐스러운 배를 따가는 강 할머니의 〈배를 따는 일본군〉이 인상 깊었는지, 자신도 무궁화를 그리고 싶어 했다. 무궁화는 남북한 할머니들이 만나는 그림에 잘 어울리는 설정이기도 했다.

"아, 우리나라 꽃이 무궁화잖아. 옛날 나 어릴 적에는 동네마다 울타리에 무궁화를 많이 심궜지."

할머니는 무궁화의 색깔과 생김새에 대한 이야기를 양념처럼 섞어가며 맑은 수채화를 그려나갔다. 푸른 바다를 배경으로 무궁화가 둘러 핀 한반도 땅에서 남북한의 일본군 성노예제 피해자 할

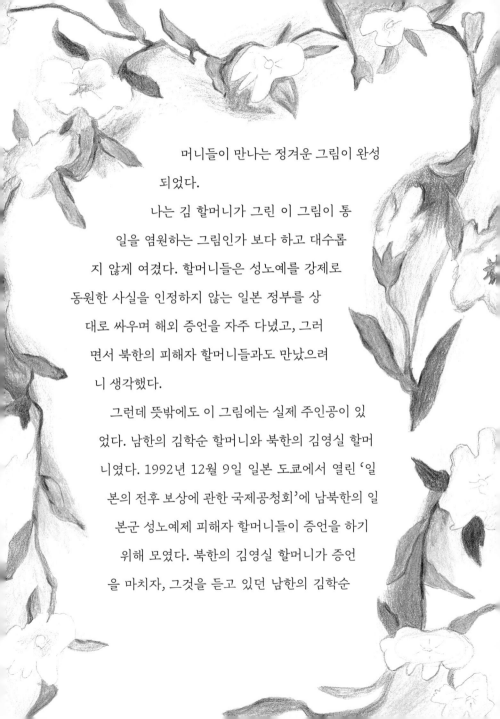

머니들이 만나는 정겨운 그림이 완성
되었다.

나는 김 할머니가 그린 이 그림이 통
일을 염원하는 그림인가 보다 하고 대수롭
지 않게 여겼다. 할머니들은 성노예를 강제로
동원한 사실을 인정하지 않는 일본 정부를 상
대로 싸우며 해외 증언을 자주 다녔고, 그러
면서 북한의 피해자 할머니들과도 만났으려
니 생각했다.

그런데 뜻밖에도 이 그림에는 실제 주인공이 있
었다. 남한의 김학순 할머니와 북한의 김영실 할머
니였다. 1992년 12월 9일 일본 도쿄에서 열린 '일
본의 전후 보상에 관한 국제공청회'에 남북한의 일
본군 성노예제 피해자 할머니들이 증언을 하기
위해 모였다. 북한의 김영실 할머니가 증언
을 마치자, 그것을 듣고 있던 남한의 김학순

할머니가 갑자기 단상으로 올라가 자기와 같은 위안소에 있지 않았느냐고 물었다. 그 바람에 장내가 술렁거렸다. 두 할머니는 서로를 와락 끌어안고 눈물을 쏟아냈고, 그 자리에 있던 모두가 그 광경을 보고 눈물을 흘렸다고 한다.

김 할머니는 그날의 감동을 그림으로 표현하려 한 것이다. 이야기를 듣고 나서 그림이 새롭게 보였다. 나라를 빼앗긴 조선의 딸로 태어나 성노예로 끌려가 상처를 입고, 전쟁과 분단의 세월을 거쳐 할머니가 되어 다시 만난 두 사람. 격한 감정에 말을 잇지 못하고 울부짖음만 토해냈을 그 가슴 절절한 순간을 생각하니, 가볍고 맑게만 느껴졌던 그 그림이 마음을 무겁게 짓눌렀다. 여성으로서 수난의 역사를 온몸으로 겪어내야 했던 할머니들에게 절로 고개가 숙여졌다. 그림이 잘 그려졌다며 밝게 웃는 김 할머니에게도 애달픈 감동을 느꼈다.

김 할머니가 이 그림에서 무궁화를 그린 경험은, 이후 할머니의 역작인 〈끌려감〉에서 아름다운 무궁화가 피어 있는 조국 강산을 그리는데 밑거름이 되었다.

못다 핀 꽃

목욕하는 처녀들

어쩐 일로 미술 수업 시간에 이용녀 할머니가 그림을 그리겠다고 나섰다. 강덕경, 김순덕 할머니가 당신들의 이야기를 그린 그림들이 나눔의 집을 왔다 갔다 하던 이 할머니의 관심을 끈 모양이었다. 할머니가 그림을 그만두었던 이유가 생각나 웃음이 나왔다. 이 할머니는 미술 선생이 강 할머니와 김 할머니에게만 신경쓰고 자신에게는 관심을 안 준다며 그림을 그만두었다.

"용녀 할머니, 어떤 그림을 그리고 싶으세요?"

할머니는 "나도 할 말이 많지!"라며 스케치북을 펴고는 대뜸 나에게 물었다.

"내가 커다란 군함을 그려야겠는데, 어떻게 그리지?"

"저는 군함을 본 적이 없어서 잘 몰라요. 할머니가 일단 말로

설명해보실래요?”

"엄청 컸지. 세상에 태어나서 그렇게 큰 배는 처음 봤어. 그 안
도 운동장만큼 넓더라고. 군인들이랑 여자들이 수백 명도 넘었어”

이야기하던 할머니가 배의 생김새가 기억났는지 스케치북 왼
쪽에 커다란 군함의 앞부분을 그리기 시작했다.

못다 핀 꽃

"미술 선생, 내가 여기서 바다를 보고 서 있는 것을 그려야 되겠는데 어떻게 하지?"

나는 할머니 앞에 섰다.

"할머니, 배가 옆모습이니까 할머니가 바다를 보는 것을 그리려면 옆모습을 그려야겠네요. 제 모습을 보고 그려보세요."

이용녀 할머니는 역시 그림에 소질이 있었다. 인물의 옆모습을 시원하게 쓱쓱 잘 그려냈다. 할머니는 갑판 위에 한복 입은 여자 세 명을 그린 후, 뒤에서 이들을 지키는 일본 군인을 그렸다. 자연히 그림을 바라보는 시선은 배와 사람들이 있는 왼쪽에서 텅 빈 오른쪽으로 향했다. 처녀들은 하늘과 푸른 바다가 끝없이 펼쳐진 망망대해를 바라보고 있는 듯하지만, 총을 메고 뒤에 서 있는 일본군 때문에 마치 불안한 자신들의 미래를 바라보는 것 같았다.

"할머니, 옆모습 그리기는 어려운데 아주 잘 그리시네요?"

내 칭찬에 이 할머니는 아이처럼 웃으며 좋아했다. 흥이 난 할머니는 자신의 이야기를 하며 그림을 그렸다.

"몇 날을 갔는지 기억도 안 나. 자고 일어나도 바다, 또 자고 일어나도 바다. 배가 출렁거리면 여자들은 뱃멀미에 토하고 죽는다고 난리가 났어. 너무너무 멀었지. 배를 타고 한 달도 넘게 간 것 같아. 하도 답답해서 공기 좀 쐬려고 친구들하고 갑판에 나갔는데, 어디를 가나 이놈들이 꼭 감시를 하는 거여. 그때 배에서 일본 군인들끼리 하는 이야기를 듣고 여자들을 위안부로 데려간단 것을 알았지. 내가 일본인 집에서 일하고 식당에서도 일하고 해서 일본말을 알아들을 수 있었어. 그런데 들으면 뭐 하나. 위안부가 뭔지도 모르니까 그냥 그런가 보다 했지."

겨우 열여섯 살이었으니 위안부로 간다는 말을 듣고도 그것이 어떤 의미인지 몰랐다는 할머니의 목소리가 거실에 쓸쓸하게 울려퍼졌다.

"할머니, 배를 그렇게 오래 탔다는 것을 어떻게 알았어요?"

"해가 뜨고 지는 것이 보이잖어. 처음엔 하루 이틀 헤아리다가, 하도 오래 가니까 나중에는 포기했지 뭐."

"바다에서 해가 뜨고 지는 것을 보셨어요?"

"봤지. 바다에서 해가 뜨고 지는 것을 태어나서 처음 봤지. 시꺼먼 바다가 점점 밝고 빨갛게 변하더니 쏘옥 하고 해가 뜨고, 또 해 질 녘에는 쑤욱 하고 지는 것이 진짜 신기하더라고."

"정말 장관이었겠네요. 그럼 그 모습도 그림으로 그려보면 어떨까요?"

"그럼 여기쯤 해를 그릴까?"

할머니는 배 옆에 떠오르는 해를 그렸다. 할머니의 과거가 그림 일기처럼 하나씩 퍼즐을 맞춰가고 있었다.

"그렇게 고생해서 어디에 도착했어요?"

"처음엔 거기가 어딘지도 몰랐어. 버마 랑군(지금의 미얀마 양곤)이라는 걸 낭중에 알았지. 거기가 지옥인지도 모르고, 배에서 내린다니까 기분이 좋더라고. 옳지! 도착한 곳도 여기다 그려야겠네."

할머니는 도화지 오른쪽 끝에 작은 섬을 그렸다. 그러고는 오늘은 다 그렸다며 그림을 마무리했다.

중일전쟁에 이어 태평양전쟁에 돌입한 일본은 태평양 지역 곳곳에 방대한 위안소를 설치했다. 박옥련 할머니가 남태평양 라바울로 갔듯이, 이 할머니는 버마 최전선의 위안소로 끌려갔다.

"요 맨 앞이 나고, 뒤에 둘이 내 친구들이여. 그놈들이 간호사로 취직시켜준단 말에 속아서 따라갔지 뭐여. 첨엔 일본 가서 돈도 많이 벌고 맛있는 것도 실컷 먹고 한다니까 친구들이 좋은 데 간다고 부러워해서 내가 같이 가자고 그 친구들을 꾀었지. 아무것도 몰라도 가서 훈련받으면 곧바로 취직을 시켜준다니까 속아서

갔어. 그래도 친구들하고 같이 가니까 의지가 되더라고. 돈 벌 생각에 먼 일이 있겠나 싶었지. 그런 기가 막힌 덴지 알았겠어."

기분파인 할머니는 아픈 상처일텐데도 막힘없이 시원시원하게 말했다.

"해방이 되고 한참 지난 후에, 같이 갔다가 헤어졌던 두 친구 중에 한 친구는 못 보고 덕술이만 인천의 한 시장에서 봤지. 근데 아무 말 못하고 그냥 지나쳤어. 할 말이 없잖아. 내가 나빴지. 내가 가자고 했으니까."

쾌활한 이 할머니의 목소리가 다시 쓸쓸해졌다. 평소 거침이 없고 괄괄하던 할머니의 겉모습에 숨겨진 여린 마음이 드러났다.

"할머니, 이 그림 제목을 뭐라고 하고 싶으세요?"

"위안소가 어떤 덴지 알면 우리가 갔겠어? 속아서 끌려갔으니까 '끌려가는 조선 처녀'라고 할까?"

이용녀 할머니는 다시 소식이 뜸하다가 8월이 되어 나눔의 집에 다시 돌아왔다. 그리고 미술 수업에 참여하셨다. 할머니는 잠시 생각하더니, 연필을 잡고 거침없이 쓱쓱 그려나갔다. 화면 중앙에 과감하게 기와 울타리를 그렸다.

"내가 부처님을 그려야겠는데 어떻게 그리지?"

할머니가 난데없이 부처 이야기를 꺼내서 나는 의아했다.

"부처님 하면 무엇이 떠오르세요?"

"부처님? 이마에 점이 있고, 머리에 작고 동글동글한 것들이 있고, 뒤에 둥그런 게 있고……"

"석가모니 부처님은 원래 왕자였잖아요. 그러니까 일단 남자를 그려보세요."

할머니가 사람을 그리고 머리에 작은 동그라미들을 그리고 이마에 점을 찍으니 얼추 부처님의 모습이 되어갔다. 할머니는 부처상 셋을 열심히 그렸다. 그런 다음 집 뒤에 우물을 그리고 물 긷는 처녀를 그리다가, 다시 나를 쳐다보셨다.

"여기가 처녀들이 목욕하는 우물인데, 두레박에 물 뜨는 모습을 못 그리겄어."

"할머니, 제가 줄을 잡고 끌어올리는 포즈를 취해볼게요. 그걸 보고 그려보세요."

할머니는 우물에서 물 긷는 모습을 그렸다.

"내가 물을 긷고, 한 사람이 옆에서 목욕을 했지. 이렇게 앉아가지고……"

이 할머니는 그림을 그리다 말고 목욕하는 포즈를 취했다. 직접

포즈를 취해보고 그림을 그리니 그리기가 좀 더 수월한 모양이었다. 이어서 할머니는 처녀들을 지키는 일본군을 그렸다.

"이놈들이 우리가 도망갈까봐 목욕하는 데꺼정 쫓아와서 지키고 있는 거지, 이 나쁜 놈덜이!"

이 할머니는 그림에 그려놓은 일본군을 연필로 두드리며 그림을 그려나갔다. 마지막으로 할머니는 목욕하는 처녀들 뒤에 사람 키만 한 선인장들과 산을 그렸다.

"할머니, 선인장을 그린 선이 너무나 멋진데요?"

"내가 여길 안 가봤으면 어떻게 알고 이걸 그렸어? 그냥 본 대로 그린 거지."

"왜 절을 그리신 거예요?"

"그때 일본 놈들이 여기저기 옮겨다녔다고. 트럭을 타고 산골짜기를 한참 가다가 어딘가에서 'ㅁ' 자 집에 도착했지. 오래돼 보였지만 지붕도 높고, 집 안 양쪽에 계단도 있고, 2층에만 방이 스무 개나 됐어. 옛날에 절이었는지 어땠는지는 모르겠고, 대문 앞에 부처님 상이 여럿 있었지. 나는 매일 부처님께 기도했어. 빨리 여기서 벗어나게 해달라고. 이놈들이 한 놈 들어오면 허리띠 채우기도 전에 또 들어오는 거여. 그러니 어떻게 버텨, 거기서. 이렇게 죽는가 싶었지. 실제로 죽은 여자들도 있었고. 한번은 내가 병에 걸렸는데, 약을 많이 먹고는 집에 가고 싶어가지고 반 미쳐서 밤마다 돌아다녔대. 방공호 물웅덩이에 빠져서는 헤엄쳐서 집에 돌아간다고 했대. 정신이 나갔었나봐. 나야 모르지. 나중에 정신이 돌아오니까 알려주더라고."

할머니는 얼굴에 마른 울음을 매단 채, 술만 드시면 하던 물웅덩이 이야기를 반복했다.

무자비한 전쟁은 무엇이든 파괴하고 빼앗았다. 종교도 어린 여성들의 영혼도 예외는 아니었다. 성노예로 끌려간 어린 여성들이 총칼의 위협 앞에서 할 수 있었던 것은 부처님의 자비를 바라며 기도하는 것뿐이었다. 이 그림은 폭력과 살생을 용납하지 않는 부처님과 소녀들을 성노예로 유린한 잔혹한 일본군이 대비되어 커다란 질문을 던진다. 이용녀 할머니는 〈목욕하는 처녀들〉을 남기고 또다시 떠났다.

끌려감

　　1995년은 할머니들의
그림 실력이 일취월장하던 시기였다. 이제 공
식적인 수업을 하지 않아도 강덕경 할머니는 매주 새
로운 그림을 그려놓았고, 수업은 그 그림을 보고 느낀 점을 토론
하는 방식으로 바뀌었다. 그러고 나서 그중 마음에 드는 그림을
큰 캔버스 천으로 옮기는 작업을 했다. 강 할머니가 연신 큰 그림
들을 그리자 김순덕 할머니도 마음이 급해졌다. 김 할머니로서는
강 할머니의 그림 실력이 부럽기만 했다. 강 할머니가 밤에 혼자
그림 그리는 일이 많았던 데 비해, 김 할머니는 선생이 있어야 안
심하고 그림을 그릴 수 있었으므로, 일주일에 한 번 하는 수업이
아쉽기만 했다. 아마도 이때가 미술 수업을 시작한 이래 김 할머

니가 그 어느 때보다 적극적으로 미술 선생을 기다린 때였을 것
이다. 그러면서도 김 할머니는 종종 도와달라고 떼를 쓰곤 해서
나를 곤란하게 했다. 김 할머니의 생각이 바뀌려면, 미술 수업 외
에 또 다른 에너지가 필요할 듯했다. 나는 할머니의 그림 실력이
발전한 것을 자주 칭찬하며 자신감을 가지게끔 격려하는 한편 할
머니의 독립심을 키우기 위해 이제부터는 혼자 그려야 한다는 걸
강조했지만, 그럴 때마다 할머니는 서운함을 드러냈다. 그나마
다행인 것은 가장 중요한 그림 구상만큼은 할머니가 혼자서 해놓
는다는 점이었다.

"할머니, 그림을 잘 그리는 화가들도 할머니처럼 순수하게 그
리고 싶어 하는 경우가 많아요."

"아이고, 그런 사람들이 왜 나를 따라 해! 미술 선생이 또 나를
놀린다."

누구의 그림도 아닌 할머니만의 그림이 의미가 있으므로 못나
도 내 그림이 제일이라고 생각하시라고 누누이 말씀드려도 소귀
에 경 읽기였다.

그림을 그릴 때 긋는 단순한 선에서도 다양한 감정을 느낄 수
있다. 김 할머니의 선은 느리고 떨리는 선이다. 그런 선에서는 빠

르고 날쌘 선에서는 느낄 수 없는 소박함과 조심스러움이 느껴진다. 김 할머니의 선은 그동안의 노력으로 충분히 의미 있는 선이 되어 있었다. 김 할머니의 선에는 순진했던 열일곱 살에 돈을 벌기 위해 일본 공장에 취직하려다 성노예로 끌려간 소녀의 두려움과 떨림이 고스란히 담겨 있었다. 그러나 아직 할머니의 선도 생각도 우직한 소처럼 천천히 그리고 꾸준히 앞으로 나아가야 했다.

미술 수업 시간이 다시 돌아왔다. 김 할머니가 나를 보자마자 잡아끌었다. 할머니는 캔버스 천을 펼쳐놓고 그림 그릴 준비를 하고 계셨다. 바쁘게 이 일 저 일 하면서도 그림 장면을 며칠 동안 생각하다가 마침내 머릿속에서 스케치를 끝낸 모양이었다.

"여기다 이렇게 처녀를 그려야 되겠는데 어떻게 하지?"

이불처럼 커다랗게 펼쳐진 캔버스 천은 여전히 할머니에게 어려운 대상이었다. 할머니의 구상을 전혀 모르는 나는 할머니의 마음을 알아내기 위해 웃으며 질문을 던졌다.

"할머니, 여기가 어딘데요?"

"여기는 바다여. 그리고 여기는 조선 땅. 저기는 일본 땅이고."

김 할머니는 아무것도 그리지 않은 넓은 캔버스 천을 짚어가며 이야기했다.

"내가 안 끌려가려고 우리 조선 땅에 다리를 딱 붙였는데, 저쪽에서 일본 놈들이 내 손을 끌고 가. 그래서 내가 이렇게 팔을 벌리고 있는 거야."

김 할머니는 양팔을 벌린 채 이미 그 현장 속에 들어가 있었다.

"그때꺼정 산속에서 살았는데 내가 뭐가 뭔지 아나! 우리 집이 하도 가난해서 입 하나라도 덜고, 공장에 가면 돈도 벌고 밥은 굶지 않겠거니 했지. 그런데 어디서 그렇게 많이 왔는지 처녀들이 엄청 모여들었어. 그놈들이 조선 처녀들을 모두 끌고 갔지. 끌고 갈 때까지는 암것도 몰랐어. 어데가 어딘지도 모리고, 뭐 하는 곳인지도 모리고……."

밝은 김 할머니가 상념에 빠져 잠시 말이 없어졌다.

"할머니, 그림 한가운데에 처녀가 있으면 얼굴 표정이 제일 중요하겠네요. 끌려가는 조선 처녀의 심정을 표정에 잘 나타내야 되겠어요. 할머니, 놀랄 때 얼굴이 어떻게 돼요? 같이 해볼까요? 어떻게 보이는지 이야기해보세요."

나는 할머니 앞에서 놀란 표정을 지어보였다.

"놀랄 때는 눈 흰자위도 많이 보이고 동그란 검정 눈동자가 다 보이네."

"그럼 입은 어떻게 될까요?"

김 할머니가 다시 한 번 놀란 표정
을 짓는다.

"놀랄 때는 숨을 크게 들이마시
니까 입이 딱 벌어지는구먼, 이렇
게."

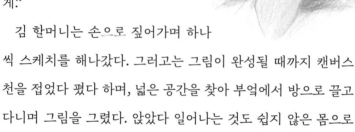

김 할머니는 손으로 짚어가며 하나
씩 스케치를 해나갔다. 그러고는 그림이 완성될 때까지 캔버스
천을 접었다 폈다 하며, 넓은 공간을 찾아 부엌에서 방으로 끌고
다니며 그림을 그렸다. 앉았다 일어나는 것도 쉽지 않은 몸으로
그림을 그리느라 무척 애를 썼다.

"아이고, 힘들어 죽겠어~. 내가 이 더위에 그림을 그리느라고
오금쟁이에 땀띠가 다 났다니까!"

그럴 만도 했다. 더위가 한창 기승을 부리던 7, 8월이었으니까.
할머니는 선풍기 하나로 더위와 싸우며 그림을 그렸다.

"하긴, 그 넓은 현해탄을 다 칠하셨으니 힘드실 만도 해요."

내가 맞장구를 치니, 할머니는 미술 선생이 웃긴다며 밝게 웃
었다. 그렇게 한바탕 웃고 나니 더위가 조금은 물러나는 듯했다.

못다 핀 꽃

넓은 캔버스 그림을 혼자 완성하는 것은 쉽지 않은 일이었으나, 김 할머니는 무더위에도 지치지 않고 끝까지 잘 마무리했다.

김 할머니의 〈끌려감〉은 공장에 돈 벌러 가는 줄로만 알았던 순진한 산골 소녀 순덕의 놀란 마음을 단순하면서도 명확하게 나타내고 있었다. 소녀를 끌고 가는 일본군의 구체적 형상을 생략하고 우악스러운 손만 그린 것은 더 자세히 그리기 어려워서인 것으로 짐작되지만, 되레 그 선택이 매우 훌륭한 결과를 낳았다. 두렵고 악랄하고 잔인한 존재는 보이지 않고 가려져 있을 때 더욱 공포스럽다. 50여 년이 지났어도 피해자들은 마치 어제 일처럼 악몽을 꾸며 괴물에 붙들린 채 살아가고 있었다. 형상 없는 그 괴물은 해방이 되고 세상이 바뀌어도 김 할머니를 끝까지 쫓아다니는 망령이었다. 할머니는 그 망령을 구체적 형상 안에 가두지 않음으로써 두려움을 확장시켰다. 그리고 어렸을 때 일본군에 끌려가느라 떠나야 했던 고국과 살아 돌아와서도 수치심 때문에 돌아갈 수 없었던 고향에 대한 그리움이 몇 가지 상징으로 할머니의 마음속에 자리 잡아 그림으로 표현되었다. 무궁화가 피고 갈매기가 나는 아름다운 금수강산 그리고 어린 시절 노동에 시달리던 자신을 투영한 소, 닭 등의 그림은 김 할머니가 일생 동안 간직해온 진한 그리움

의 표현이었다.

 그림을 다 끝마친 할머니는 저만큼 앞서가 뒤돌아보며 왜 그렇게 천천히 오냐며 나를 향해 눈을 끔벅끔벅하는 소 같았다. 느릿느릿 서투른 선으로 조심스럽게 그린 고국 강산에 김 할머니의 아픈 상처가 더해져 슬프고도 아름다운 동화가 되었다. 이후 할머니는 언론과의 인터뷰에서 이 그림 이야기를 할 때마다, 한여름에 고생한 일이 떠오르는지 미술 선생이 하나도 도와주지 않고 당신 혼자 다 그렸다고 강조했다. 그때마다 나는 웃음이 났다. 지당하신 말씀이므로.

책임자를 처벌하라

일본인 대학생 한 명이 나눔의 집을 방문했다. 제법 한국말까지 익힌 그는 할머니들과 다정다감하게 대화하며 즐겁게 하루를 보냈다. 그는 할머니들을 안타까워했다. 옆에서 보기에 적어도 그는 일본의 과거를 외면하지 않는 정의로운 젊은이처럼 보였다. 그러나 모든 일정을 마치고 돌아가는 길에 그의 본심이 드러났다. 그는 일본군 성노예제 문제에 대한 일본 정치인들의 유감 표명이 진정한 사과임을 힘주어 강조했다. 사과를 했는데도 계속 책임지라고 요구하는 것은 무리라고 했다. 나는 그 청년이 하루 종일 베푼 친절이 의심되었다. 어떤 목적을 갖고 특별한 임무를 띠고 온 것은 아닌지 수상했다.

1991년 김학순 할머니를 시작으로 일본군 성노예제 피해 증언이 속출하고 일본군이 위안소 운영에 개입했던 증거들이 속속 나오자, 일본 정치인들은 담화 등을 통해 피해자들에게 유감을 표명했다. 그리고 국가 차원에서 공식적으로 배상을 할 것처럼 보였다. 할머니들은 큰 희망을 가졌다. 하지만 상황은 그리 간단치 않았다. 일본군 성노예제 문제 해결은 일본 내 강성 우익들의 압력에 의해 제대로 된 법적·공식적 배상이 아닌 '아시아여성기금'*이라는 기형적인 민간 모금의 형태로 나아가게 되었다. 할머니들은 큰 혼란을 느꼈다. 평생 돈 때문에 고생해온 할머니들에게 그들이 준다는 돈은 매우 유혹적이었다. 언제 죽을지 모르니 그 돈이라도 받고 죽어야 한다는 할머니들과 강제로 위안소에 가둬놓고 한 짓을 생각하면 지금도 피가 거꾸로 솟을 노릇인데 군의 개입이 없었다고 거짓말을 일삼더니 이제 와서 민간 위로금 따위로 입막음을 하려 하다니 말도 안 된다는 할머니들 사이에 반목이 생겼다. 할머니들을 위로하기 위해 주겠다는 그들의 돈은 할머니들의 상처에 다른 상처를 더하는 분란의 씨앗이 되어가고 있었다.

할머니들은 무척 실망했다. 50년 동안 쌓인 한을 풀 수 있을 거라는 기대가 한꺼번에 무너진 것과 같았다. 매주 일본대사관 앞에서 벌이는 수요시위에서 맨 앞자리를 지키던 강덕경, 김순덕 할머니도 치솟는 분노에 어찌할 바를 몰라 했다. 울화가 치밀어올라, 마치 뜨거운 불을 가슴에 안지도 놓지도 못하는 형국이었다. 오랜 세월 동안 고통받아온 할머니들의 마음을 위로해도 모자랄 판에, 일본 정부는 용서를 빌 마지막 기회마저 져버렸다. 할머니들의 처지가 딱하기 이를 데 없었다. 어떤 할머니는 일본 놈들이 어떤 놈들인데 그렇게 호락호락하게 나오겠냐며 당신들이 순진해서 또다시 일본에 당했다고 신세 한탄을 했다. 다른 할머니는 팔자에 없는 희망을 품었다며 자책했다. 실망하고 분한 마음에 할머니들은 식사도 제대로 하지 못했다. 배상금 문제는 50년 동안 내상을 견디며 살아온 할머니들에게 2차 피해가 되어갔다. 밝고 긍정적인 김순덕 할머니조차 연일 화가 나 있었고, 강덕경 할머니도 입을 다문 채 예전처럼 차가운 눈빛으로 변해갔다. 할머니들은 속이 시끄러워 그림을 못 그리겠다고 했다. 나는 할머니들이 걱정되었다.

그러던 어느 날 강 할머니가 잡지에서 오려낸 사진을 보여주었다. 비둘기가 하늘을 향해 날아가는 사진이었다.

"미술 선생, 이것 좀 봐, 하얀 비둘기"

내가 나눔의 집에 도착해 신발을 채 벗기도 전이었다.

"비둘기가 날아가는 모습이 참 평화롭고 자유롭게 느껴져요."

내 대답이 마음에 들었는지, 강 할머니의 입가에 슬쩍 미소가 번졌다. 할머니는 비둘기를 보며 영감을 얻고 있는 것이 분명했다. 나는 안심이 되었다. 화가 나고 우울한 감정에 빠져 있던 할머니에게 변화의 기운이 느껴졌기 때문이다.

강 할머니가 다시 하얀 캔버스 앞에 섰다. 며칠 동안 머릿속에서 그림을 구상했는지 과감한 손놀림으로 붓질을 시작했다. 마음속에 가득 차 있는 어둡고 나쁜 기운들을 끄집어내듯 서둘러 붓질을 했다. 굵은 나무줄기가 그려지자, 그 끝에서 검고 기괴한 가지들이 제멋대로 솟아나기 시작했다. 검은 나뭇가지들은 마치 메두사 머리에 달린 뱀들처럼 음흉하게 꿈틀거렸다. 나무의 형태가 예사롭지 않아, 나는 무슨 나무냐고 할머니께 물었다. 할머니는 벚나무라고 했다. 그 순간 나는 그림 속 나무가 전에 그린 〈빼앗긴 순정〉의 언덕에 있던 벚나무와 같은 의미라는 것을 알 수 있었다. 첫 번째로 그린 벚나무가 어린 덕경에게 성폭행을 가한 군인과 한 몸으로 표현되어 전쟁을 일으킨 일본을 상징했다면, 지금 그리는 두 번째 벚나무는 과거의 잘못에 대한 반성 없이 법적 책임을 회피하고 있는 현재의 일본과 관련이 있겠구나 하는 생각이 들었다. 꽃과 잎이 우수수 떨어지던 첫 나무는 이제 모든 생명을 다하고 죽은 고목처럼 검고 기괴하게 변해 있었다.

　이어서 할머니는 빨간 물감을 팔레트에 짜기 시작했다. 튜브에 갇혀 있던 빨간 물감이 밖으로 꾸역꾸역 튀어나왔다. 할머니는 커다란 붓을 골라 들었다. 굵고 넓은 붓에 달린 미색의 보드라운 털들이 곧 빨갛게 물들었다. 할머니는 하얀 캔버스 천에 붉은색 붓을 과감하게 툭 하고 떨어뜨리더니 잠시 멈추었다가, 숨을 한 번 크게 들이마신 뒤 붓을 움직였다. 붓은 붉은 자국을 남기며 매우 빠르고 거칠게 지나갔다. 지금껏 보지 못했던 강렬한 분노가 화면을 뒤덮고 있었다. 뭉크의 〈절규〉에서 보이는 불안한 공포처럼, 강 할머니 내면의 불안한 분노가 검은 나무를 금방이라도 태워버릴 듯 붉게 에워쌌다. 할머니의 붉은 분노가 캔버스 천 위로 왈칵왈칵 쏟아지고 있었다. 피로 물든 하늘에 갇힌 검은 나무가 기괴한 욕망으로 꿈틀대는 것처럼 보였다. 할머니는 잠시도 쉬지 않고 눈에 힘을 준 채 나무줄기 안에 한 남자를 그려 넣었다. 콧수염을 기른 얼굴에 포마드 기름이라도 바른 것처럼 머리를 단정하게 빗어넘기고 파이프 담배를 입에 문 그 남자는 분명 신분이 높은 사람이었다. 곧 나는 그가 누구인지 알 수 있었다. 그는 히로히토 일본 천황이었다.

일본군 성노예제 피해자 할머니들은 평생 혼자만 간직해온 비밀을 세상에 알리면 모든 문제가 해결될 것으로 기대했다. 하지만 피해 당사자들이 피를 토하며 증언해도, 일본 정부는 일본군의 개입은 없었다는 구차한 변명만 되풀이했다. 그때마다 할머니들은 가슴에 대못이 박힌 듯 괴로워했다. 그러나 명백한 증거들이 속속 드러나고 거짓이 통하지 않게 되자, 그들은 제대로 된 해결이 아니라 민간의 돈으로 무마하려는 기만적인 태도를 보였다. 할머니들의 분하고 원통한 마음은 극에 달했다. 법적 책임을 지지 않고 위로금만 주겠다는 제안은 할머니들에게 모욕이었다. 할머니들이 원하는 사과가 정말로 이루어진다 해도 고통 속에 보낸 세월을 되돌릴 수 없는 판에, 일본 정부가 공식적인 사과를 하고 법적 책임을 지게 하는 것이야말로 할머니들에게 남은 마지막 자존심이고 끝까지 지켜야 할 명예였다. 그리고 그들에 대한 강 할머니의 원망은 자신을 직접 성폭행한 일개 군인들을 뛰어넘어, 그 일에 책임이 있는 자를 불러내게 했다.

할머니는 그를 나무 앞에 세웠다. 그의 다리는 수백 개의 뿌리와 연결되고, 머리에는 뱀처럼 구불거리는 가지가 뻗어 있다. 일본 천황이 그려진 나무는 제국주의라는 헛된 욕망이 뿌리부터 꿈틀대며 타고 올라가 세력을 뻗쳐가던 일본과 그대로 닮아 있었다. 나무의 정체를 알게 되자, 나무를 둘러싼 붉은 붓 자국이 일본의 야욕에 의한 성노예 여성들의 희생을 상징한다는 것도 알 수 있었다. 이제 나무는 무고하게 희생된 피의 바다에 빠져 허우적거리는 꼴이 되었다. 작고 마른 강 할머니는 그림 속 히로히토 일본 천황을 묵묵히 끈으로 나무에 묶고 있었다. 히로히토는 1945년 8월 15일 패전선언에서 타국의 주권을 빼앗고 영토를 침범한 것은 자신의 뜻이 아니었다고 발뺌했다. 결과적으로 그는 일본군이 자행한 전쟁 범죄에 책임을 지지 않고 빠져나갔다. 전범으로 기소되고 황위를 박탈당할까봐 겁이 나 오로지 자신의 안위만을 생각했던 히로히토는 이제 강 할머니의 부름에 소환되어 초라한 수장의 모습으로 할머니 앞에 서 있었다.

못다 핀 꽃

"미술 선생, 이 사람을 나무에다 야무지게 꽁꽁 묶어야 되겠는데, 그렇게 안 보이지?"

"실제로 묶는 것처럼 선을 여러 번 그어보세요."

할머니는 남자 위로 선을 여러 번 겹쳐 그었다.

"아까보다는 좀 나은 것 같은데, 그래도 뭔가 부족해……"

할머니는 뒤로 물러나 그림을 바라보며 골똘히 생각에 잠겼다. 그러다가 좋은 생각이 떠올랐는지 표정이 조금 환해졌다.

"철조망이 좋겠네. 움직일 수 없게"

우리는 스케치북에 철조망을 그려보았다. 강 할머니는 옛날에 많이 봤다며 철조망의 생김새를 기억해냈다. 근로정신대로 끌려가 일했던 공장과 위안소 옆 군부대 주위에 둘러쳐져 있던 철조망은 소녀의 자유를 속박하던 직접적인 사물이었으므로, 히로히토 천황의 자유를 차단하는 데 그 철조망을 떠올리게 되었을 것이다. 할머니는 그림에 철조망을 그려 넣고는 "이제 좀 괜찮네"라고 혼잣말을 했다. 그런 다음 강 할머니는 무명천으로 그의 눈을 가렸다. 할머니가 그를 바라보았다. 온 신경을 쏟아 그림을 그리는 강 할머니는 조금 지쳐 보였다. 하지만 눈빛만은 쉽게 범접할 수 없는 냉철한 푸른빛으로 빛나고 있었다.

미술 수업 시간이 다시 돌아왔다. 강 할머니가 지난 시간 다 그리지 못한 그림을 펼쳐놓고 기다리고 있었다.

"미술 선생, 여기, 여기에 권총 든 손을 그리고 싶은데 그리기가 어렵네?"

펼쳐진 그림 위에 권총 한 자루가 놓여 있었다. 누군가에게 부탁해서 장난감 권총을 미리 구해놓은 것이다. 할머니의 강한 분노를 이해하면서도, 비록 가짜일망정 바로 눈앞에서 총을 보니 섬뜩했다. 할머니는 총을 왼손에 들고 그리기 시작했다. 권총을 잡은 손의 형태가 복잡해 여러 번 수정한 끝에 겨우 완성되었다. 늙고 주름진 손들이 세 방향에서 나무에 묶인 남자를 향해 권총을 겨누고 있었다. 그것은 수많은 일본군 성노예제 피해자들의 마음을 대변하는 상징적 표현이었고, 그들의 주름진 손은 오랜 세월이 지나도 여전히 사과도 반성도 하지 않는 일본을 겨누고 있음을 뜻했다. 그림을 바라보는 할머니의 눈빛이 심각했다.

총을 든 강 할머니의 마음은 더 이상 물러설 수 없는 벼랑 끝에 있었다. 그리고 뒤돌아 그를 정조준했다. 떨리는 손으로 총을 겨눈 채 두 눈을 부릅뜨고 그를 똑바로 바라보았다. 할머니는 자신을 절벽으로 몰아세우는 그들의 잔인함에 서글픈 분노를 느끼는

것 같았다. 때마침 옆방에 계시던 김순덕 할머니가 강 할머니의 그림을 구경하러 나왔다.

"아이고, 무셔라. 어쩔라고 이런 그림을 그리는 거여?"

김 할머니는 그림을 보자마자 그가 히로히토 천황이라는 것을 알아챘다. 전쟁의 공포가 바로 어제 일처럼 떠오르는지 할머니의 눈동자가 불안해졌다.

"덕경이는 자식도 없고 뒤가 무서울 것이 없으니 저런 그림을 그려도 괜찮을지 모르지만, 나는 그렇게 못해. 자식들도 있고 후사가 무서워서⋯⋯."

김 할머니가 그림을 그리는 강 할머니를 보며 비밀이라도 되는 것처럼 나에게 속삭이듯 말했지만, 김 할머니의 말소리는 방 안 가득 울려퍼졌다. 강 할머니는 그 말에 아무 대꾸도 하지 않고, 그림을 보고 있던 나에게 다시 한 번 물었다.

"미술 선생, 비둘기가 평화의 상징 맞지?"

"네, 많은 사람이 그렇게 생각하죠."

곧이어 강 할머니는 새를 그리기 시작했다. 붉은 하늘이 점점 하얀 새들로 가득 찼다. 새들은 유영하듯 하늘을 자유롭게 날고 있었다. 그림 그리는 내내 심각했던 할머니의 얼굴에 점점 미소가 번지고 평온해져갔다. 마지막으로 할머니는 나무에 새 둥지를 그리고 새알을 그려 넣었다. 그러나 새알이 너무 작아 잘 보이지 않았다.

"할머니, 뒤로 오셔서 새 둥지 좀 보실래요?"

"아이고, 새알이 작아서 작게 그렸더니 아예 안 보이네~."

할머니는 부끄러운 듯 얼굴을 살짝 붉혔다.

순백으로 빛나는 비둘기 떼가 잡지 한구석에서 강렬하게 시선을 끌었을 때, 아마도 할머니는 느꼈을 것이다. 하늘을 나는 자유로운 저 비둘기처럼 당신도 평생 계속되는 이 지긋지긋한 올가미에서 벗어나고 싶다는 것을. 어떤 흔들림에도 마음이 평화롭기를 간절히 바랐을 것이다. 그러므로 할머니는 그를 소환해야 했다. 열여섯 나이에 성폭행을 당한 이후 이유도 모른 채 도망 다녀야 했던 평생의 발걸음을 멈추기 위해, 할머니가 그 모든 고통의 정

점에 있는 히로히토 천황을 불러냈다고 느껴졌다. 할머니는 더 이상 피하지 않고 끝을 보기 위해 시작점을 찾았던 것이다.

그림에는 끊어지기 직전의 현처럼 팽팽한 긴장감이 흐르지만 총소리는 들리지 않는다. 할머니가 50여 년이 지나 주름진 손으로 결연하게 총을 든 것은 피의 복수를 하기 위해서가 아니었다. 아마도 할머니는 계속되는 일본의 기만에 경고장을 날리고 싶었던 것 같다. 그렇지 않고서야 생명이 꺼진 나무에, 그것도 온갖 악행을 저지른 일본 제국주의를 상징하는 벚나무 안에 평화의 새 둥지를 만들고 새들이 알을 낳는 그림을 그릴 리 만무했다. 그렇게 마지막 희망을 남겨놓은 것이다. 그 알은 모진 악연을 끊고 진정한 사과와 용서를 주고받는 바람을 품은 희망의 알일 것이다. 강 할머니는 이 팽팽한 대치를 통해, 피해자들이 원하는 진정한 사과가 이루어진다면 피해자의 고통을 넘어 가해자를 기꺼이 용서하고 평화로운 미래를 지향할 수 있다는 말을 하고 싶었던 것이 아닐까. 피해자로서 가해자를 용서하는, 한 차원 높은 단계의 인류애를 담은 바람을 말이다.

나는 강 할머니가 이 그림을 그리면서 마음속 깊은 곳에 갇혀 있던 분노를 쏟아내고 새로운 삶을 선택했음을 느꼈다. 그림을 그

못다 핀 꽃

리는 내내 굳어 있던 할머니의 얼굴에 미소가 번졌을 때 그렇게 확신했다. 그동안 고통과 괴로움으로 흘려보낸 세월이 억울해서라도 앞으로 남은 생은 달라져야 한다는 것을, 이미 뼈저리게 알게 된 사실이지만 그들은 쉽게 바뀌지 않는다는 것을, 그러니 스스로 분노를 내려놓고 고통에서 빠져나와야 한다는 것을 깨달았으리라 짐작했다. 과거는 여전히 잊을 수 없는 고통이지만, 그래도 현재의 삶을 잘 살아가야 하기에 그림을 그리고, 전시도 하고, 매주 수요일엔 일본대사관 앞에 가서 시위도 하면서……. 자유롭고 가볍게 하늘을 나는 저 평화로운 비둘기처럼. 몇 주 만에 되찾은 웃음이었다. 할머니는 입가에 미소를 지은 채 새알을 고쳐 그리러 다시 그림 속으로 들어갔다.

그림이 된 고통들

    할머니들의 그림이 일반인에게 처음으로 선을 보인 것은 1995년 2월 '정신대 문제 아시아연대회의'**가 열린 서울 혜화동 여전도회관 식당에서였다. 그리고 할머니들의 이야기를 다룬 다큐멘터리 〈낮은 목소리〉가 상영된 동숭아트센터 별관 복도에서 곧바로 두 번째 전시가 이어졌다. 할머니들의 그림을 소개하기에 적절하고 중요한 기회였고, 이를 계기로 할머니들의 그림이 언론에 조금씩 알려지기 시작했다. 하지만 미술 선생으로서는 조금 아쉬웠다. 두 곳 모두 협소한 데다 조명이 부족해 그림을 제대로 감상할 수 있는 공간이 아니었기 때문이다. 그러나 곧 제대로 된 기회가 왔다. 대한민국 국회 정신대 대책 의원 모임의 기획으로 일본에서 할머니들의 그림을 알릴 기회가 생긴 것이다. 일본에서 일본군 성노예제 피해자 할머니들의 그림을 전시한다는 것은 실로 뜻깊은 일이었다. 그해 5월, 도쿄에 있는 재일본 한국 YMCA에서 '역사에 가려진 일본군 위안부'라는 제목으로 할머니들과 다른 화가들의 그림을 함께 전시하게 되었다. 당연히 할머니들의 그림은 일본 언론의 큰 조명을 받았다. 일본의 주요 언론뿐 아니라 일본에 와 있던 독일 국영방송에서도 할머니들의 그림을 영상에 담아 갔다. 평균 나이 일흔의 일본군 성노예제 피해자들이 자신의 상처를 그림으로 그려낸 것에 많은 일본인이 놀라움을 금치 못했다. 할머니들의 그림은 일본 사람들에게 또 다른 정서적 울림을 주기에 충분했다. 많은 사람이 전시장에 몰려들었고, 할머니들이 어떻게 그림을 그리게 되었는지 궁금해했다. 그리고 즉석에서 도쿄 외의 다른 지역에서도 전시회를 열고 싶다는 요청이 쇄도했다. 전시는 6월까지 오사카와 나고야로 이어졌다.

　할머니들의 그림은 금세 유명해졌다. 때마침 1995년은 해방 50주년이 되는 해였고, 할머니들의 그림은 시의적절한 의미가 있었으므로 여기저기서 초대를 받았다. 한국에서 일본까지 그림 전시와 언론 인터뷰가 이어질 만큼 커다란 관심에 할머니들뿐 아니라 미술 선생인 나까지도 어리둥절했다. 소박하게 시작한 미술 수업에서 그려진 할머니들의 그림이 사람들에게 그렇게까지 큰 영향을 주리라고는 예상하지 못했기 때문이다. 사람들의 반응에 고무된 할머니들은 더욱 분발했다. 그림을 그리기 위해 아침 일찍 눈을 떴고, 잠들 때까지 하루 종일 그림을 그렸다. 덕분에 전시 때마다 새로운 그림들이 더해졌다.

한국에서 본격적으로 전시가 이루어진 것은 1995년 8월이었다. 할머니들에게 깊은 애정을 가지고 있던 김건희 화가가 기획한 '못다 핀 꽃들의 외침'이라는 전시였다. 9월에는 광주 망월동 묘역에서 열린 광주안티비엔날레 전시에 참여했고, 10월에는 서울 예술의전당에서 열린 민족미술협의회 주최 '해방 50주년 기획전'에 참여했다. 할머니들의 그림은 1년 동안 여러 도시를 돌며 전시되었지만, 할머니들에게 가장 중요한 전시는 단연 일본 전시회였다.

할머니들을 초대한 단체는 일본의 양심적 사회단체인 '구 일본군에 의한 성적 피해 여성을 지원하는 모임'이었다. 그 단체의 공동대표 이즈미 씨를 비롯한 양심적인 일본인들과 재일교포들이 일본군 성노예제 피해자의 실상을 알리는 활동을 열심히 하고 있었다. 특히 강덕경 할머니와 이즈미 씨는 1992년 처음 강 할머니가 일본에 초대되어 증언할 때부터 특별한 의자매 관계를 맺어 우정을 나누고 있었다.

앞선 5월 도쿄, 오사카 전시회와 달리 이번에는 할머니들이 직접 일본에 초대되어 전시회에 참여한다는 뉴스가 일본에서 다시 한 번 큰 이슈가 되었다. 우리 일행이 나고야에 도착하는 순간부터 일본 방송사에서 취재를 했다. 호텔에 짐을 풀고 잠시 저녁 식사를 하러 식당에 가니, 좀 전에 찍어간 화면이 텔레비전 뉴스에 나오고 있었다. 신문에도 전시 소식이 주요 기사로 다루어졌다.

다음 날, 나는 넓은 전시장에서 강덕경 할머니, 김순덕 할머니 그리고 일본 관계자들과 함께 전시 준비를 하고 있었다. 나와 관계자들은 분주하게 그림들을 배치하며 벽에 설치했고, 딱히 도울 일이 없던 할머니들은 전시장이 그림들로 채워지는 모습을 왔다 갔다 하며 지켜보았다. 그 모습이 마치 소풍 가기 전날의 학생들처럼 들떠 있었다. 생각해보니 할머니들은 이제까지 그림이 말끔하게 전시된 모습만 보았지 전시를 준비하는 과정은 본 적이 없었다. 준비는 항상 젊은이들에게 맡겼기 때문에, 당신들의 전시회지만 전시회 전날의 기분을 한껏 느껴볼 기회가 없었던 것이다. 할머니들은 긴장감과 설렘이 가슴 가득 밀려오는 뿌듯한 느낌을 경

험했을 것이다. 텅 비어 있던 하얗고 넓은 공간 위로 그림이 하나
씩 걸렸다. 할머니들은 당신의 것이었으나 당신을 떠나 그림이 된
고통들을 찬찬히 바라보았다.

　그렇게 한참 그림을 구경하던 김 할머니가 강 할머니의 그림 두
점 앞에서 자꾸만 혼잣말을 했다. 하고 싶은 말을 몇 번 참는 듯하
더니, 결국에는 강 할머니의 손을 잡고 나에게 와서 입을 열었다.
강 할머니가 그린 〈책임자를 처벌하라〉와 〈우리 앞에 사죄하라〉
가 마음에 걸린다는 것이었다. 아무리 세월이 흐르고 세상이 바뀌
었어도, 일본 한복판에서 일본 천황에게 총칼을 겨눈 그림을 전시
하는 게 무섭다고 했다. 나는 할머니를 진정시키려고 했으나, 한

번 겁을 먹은 김 할머니는 점점 확신에 차서 목소리를 높였다. 김 할머니의 걱정을 들은 강 할머니는 기분이 좋을 리 없었지만 묵묵히 듣고 계셨다. 김 할머니의 염려를 전해들은 단체 관계자들이 걱정 마시라며 할머니들을 안심시켰으나, 김 할머니의 불안은 가시지 않았다. 우리는 김 할머니의 걱정으로 인해 어수선해진 마음을 안고 숙소로 향했다.

태양은 힘차게 지구를 돌려 아침으로 되돌려놓았다. 햇살이 비치는 창문 밖에서 새들이 빨리 일어나라고 아우성을 쳤다. 전시회 첫날에는 할머니들의 그림 전시와 함께 증언 시간이 예정되어 있었다. 모두들 행사 준비를 하느라 바쁘게 움직였다. 하지만 갑자기 걸려온 전화 한 통으로 일순간 모두 긴장했다. 할머니들의 그림을 칼로 찢어버리겠다는 협박 전화였다. 단체 관계자들은 일본이 일으킨 전쟁에 대한 죄의식과 반성이 없는 극우 사람들 중 하나일 거라고 말했다. 전쟁이 끝나고 50년이 흘렀는데도 잘못된 제국주의적 사고를 하는 사람들이 아직도 있다는 사실을 새삼 확인할 수 있었다. 일본의 제국주의로 인해 고통을 겪은 할머니들이 느끼는 공포의 심각성을 그제야 제대로 이해할 수 있었다. 김순덕 할머니는 더욱 불안해하며 당신의 예감이 맞았다고 목소리를 높였다. 전시회를 한다는 기사만으로도 협박 전화가 왔는데, 일본 천황에게 총을 겨누고 있는 그림을 보면 어떻게 되겠느냐는 것이었다. 할머니의 불안이 모두에게 전이되어, 정말로 누가 그림을 찢지는 않을까 한껏 긴장하고 있었다.

행사 시간이 다가왔다. 단체 관계자들은 언론에서 많이 찾아올테니 별일 없을 거라고 할머니들을 계속 안심시켰다. 그러나 테이프 커팅을 위해 나란히 선 할머니들의 표정은 심각하게 굳어 있었다. 방송국 카메라와 신문기자들이 할머니들을 촬영했다. 많은 일본인이 전시회를 찾았다. 어떤 사람은 그림 앞에 오래 서 있기도 하고, 어떤 사람은 손수건으로 조용히 눈가를 훔치기도 했다. 그리고 어떤 사람은 미안한 마음에 할머니들에게 말도 건네지 못하고 고개를 깊숙이 숙여 인사하고 지나갔다. 그들은 대부분 전후 세대였다. 직접적인 가해자는 아니지만, 윗세대가 일으킨 전쟁으로 인해 자행된 야만적인 인권 유린에 대해, 그리고 그 사실을 인정하지 않는 일본 정부에 대해 일본인으로서 진심으로 사과했다. 분위기가 좀 풀리자, 사람들이 할머니들에게 어떻게 그림을 그리게 되었는지 물었다. 일본 사람들은 할머니들이 그림을 배워 당신들의 이야기를 그림으로 표현했다는 사실 자체에 놀라는 것 같았다. 일본어로 막힘없이 대화가 가능한 강 할머니는 평소 똑 부러지는 성격답게 자신 있는 태도로 답을 했다.

그림에 대한 일본 사람들의 진심 어린 반응은 할머니들에게 새로운 경험이었다. 그동안 할머니들은 공식적인 사과는 물론 피해 사실조차 인정하지 않는 일본 정부 때문에, 강제로 일본군의 성노예로 끌려간 사실을 스스로 증명해야만 하는 참담한 상황에 처해 있었다. 노구를 이끌고 책임을 회피하려는 일본 정부와 싸우는 전사의 모습은 모두에게 귀감이 되었지만, 한편으로 할머니들은 과거 일본군에 희생당한 안타깝고 슬픈 성폭행 피해자로만 부각되기도 했다. 그런데 전시회는 증언이나 수요시위와는 또 다른 힘을 발휘했다. 할머니들이 그림을 그리고 전시하는 것은 단순히 과거 역사의 피해자에 머무르지 않고 한 인간으로서 현재를 살고 있음을 보여주었다. 관객들은 그림 전시를 통해 일본군에게 당한 끔찍한 상처를 그림으로 치유하며 살아가는 할머니들의 당당한 모습을 볼 수 있었다. 최근 몇 년 동안 할머니들의 삶이 실제로 그랬다. 할머니들이 자신들의 고통과 슬픔을 그림으로 하나하나 완성할 때마다 자신감과 성취감도 그만큼 쌓여갔다. 자연스레 그림은 할머니들에게 삶의 목적이자 살아가는 한 방편이 되었다. 할머니들에게 일본군 성노예제 피해자라는 역할 외에 자신의 이야기를 그림으로 승화시키는 화가라는 새로운 역할이 생긴 것이다.

또한 할머니들은 그림 전시를 통해 변하고 있었다. 그림에 대한 사람들의 관심과 애정이 할머니들을 조금씩 바꿔놓았다. 할머니들이 과거의 상처를 피를 토하는 심정으로 증언할 때와 그림으로 보여줄 때의 모습이 사뭇 달랐다. 그림에 대한 질문에 간간이 미소 지으며 자신 있게 답하는 모습에서 증언에서는 볼 수 없던 자존감이 엿보였다. 할머니들도 다른 사람에게 자랑하고 싶은 일이 생긴 것이다. 특히 일본에서 열린 전시회는 할머니들이 그 누구보다 멋진 삶을 살고 있음을 관객들에게 증명하는 장이 되었다. 그들은 삶에 대한 할머니들의 의지에 경외심을 느끼는 것 같았다. 그림을 통해 할머니들의 아픔이 일본인들의 마음에까지 커다란 울림으로 전해졌다.

다행히 행사는 별다른 사고 없이 진행되었고, 할머니들은 테러 협박에 대한 생각은 까맣게 잊어버린 채 전시 내내 관객들을 구경했다. 가끔 그림 앞으로 다가가 관객의 시선으로 자신이 그린 그림을 다시 바라보기도 했다. 할머니들은 오랜 세월 잃어버렸던 자신을 새로이 발견하고 있었다. 나는 그런 두 할머니의 모습을 뒤

에서 바라보았다. 지난 몇 년의 시간이 주마등처럼 스쳐가면서 잠시 가슴이 먹먹해졌다. 전시회의 주인공인 할머니들의 가슴은 나보다 두 배로 두근댈 터였다. 내가 할머니들을 만나 경험한 가장 완벽한 순간이었다.

마지막 수업

갑자기 강덕경 할머니가 쓰러졌다. 1995년 겨울 국내외 순회 전시와 증언을 성황리에 마친 후였다. 병원에 입원한 강 할머니는 폐암 말기 판정을 받았다. 할머니 자신은 물론 주변 사람 모두가 큰 충격에 사로잡혔다. 함께 사는 할머니들도 나이가 가장 적은 강 할머니가 쓰러진 것에 많이 놀랐다. 병원에서 잠시 퇴원한 강 할머니는 1996년 3월 다시 입원해 수술을 받았다. 그렇게 할머니는 봄이 다 지나도록 병원 중환자실에 있어야 했다. 강 할머니 걱정에 마음이 어수선해서 일이 손에 잡히지 않았다. 자연히 미술 수업도 중단되었다. 퇴원을 한 할머니는 잠시 회복되는 듯하다가 더 나빠지기를 반복했다. 그러잖아도 마른 몸이 더욱 야위어 갔다.

　강 할머니는 다시 그림을 그리고 싶어 했다. 작은 스케치를 몇 번 하다가, 1996년 가을 건강이 그런대로 괜찮을 즈음 다시 그림 그리기를 시도했다. 오랜만에 할머니와 마주 앉았다. 할머니는 이미 캔버스를 꺼내놓고 그림을 그리고 있었다. 건강은 어떠시냐고 여쭈니, 할머니는 괜찮다며 희미하게 웃었다. 그림을 그리는 할머니의 말그레한 눈빛이 맑고 깊었다.

할머니가 하얀 캔버스에 회색 지붕을 그렸다. 느린 붓놀림으로 일본식 다다미 집을 천천히 짓고 있었다. 위안소라는 것을 단번에 알 수 있었다. 할머니가 회색 지붕 위에 붉은 태양을 그렸다. 태양은 자신의 무게를 힘겨워하듯 지붕에 걸쳐져 있었다. 할머니의 주름진 손이 다다미 집 앞에 푸른 소나무를 심었다. 기개를 자랑하며 하늘을 향해 치솟은 나무는 잎과 가지가 푸르고 생생했다. 소나무는 전쟁으로 쓰러진 시대를 준엄하게 꾸짖듯 곧고 바르게 중심을 잡았다. 마당에는 든든한 소나무의 보호 아래 초록의 생명들이 앞다투어 자신을 뽐냈다. 분홍과 빨강 꽃들이 축포를 쏘듯 씨앗을 퍼뜨리며 흥에 겨워 잔치를 했다. 강 할머니는 그 꽃과 꽃잎들의 생기를 캔버스에 천천히 정성껏 채워나갔다. 회색의 다다미 집 마당에 화려한 생명의 노래가 울려퍼졌다. 다음으로 할머니는 위안소 뒤에 묵직한 진회색의 산을 그렸다. 마쓰시로의 회색 산은 8월 한여름 마당의 생기와는 전혀 다른 어두운 비밀을 안고 뒤로 물러나 있었다. 그다음에는 소나무 뒤로 사라지는 흐릿한 일본군 서너 명을 그렸다. 그들은 마쓰시로의 음울한 비밀을 알고 있는 듯 쑥덕거리는 모습이었다. 마지막으로 할머니는 붉고 둥근 해 안에 갇힌 어린 자신을 그렸다. 흰 선으로 투명하게 그려진 소녀는

못다 핀 꽃

할머니 삶의 불길한 예지몽처럼 한없이 가볍게 느껴졌다. 이어서 할머니는 소녀를 닮은 하얀 새를 그렸다. 새는 입에 편지를 문 채 갇혀 있는 덕경에게 소식을 전하려 했다. 그것이 상서로운 비밀의 편지임을 확신하는 덕경이 공손히 그 편지를 받는 것으로 그림은 완성되었다. 그림을 다 그린 할머니가 설명을 이어갔다.

"이날은 화창하고 날씨가 더웠어요. 그런데 참 이상했어요. 대낮인데도 이상하리만치 조용했거든……. 일본 군인이 한 사람도 오지 않고 지키는 군인들도 없어서 둘러보니까, 자기들끼리 서넛씩 모여서 이야기를 하고 있었어요. 여기 소나무 밑에서처럼 가만히 수군대기만 하더라고……. 붙잡는 사람도 없고 해서 길가에 나가보니까 거기도 조용해요. 어떤 군인은 앉아서 울고 있었어요. 그런데 조금 뒤에 우리말이 들려서 보니까, 남자들이 트럭을 타고 '대한 독립 만세'를 부르며 오고 있는 거예요. 그 소리를 들으니까 가슴이 막 뛰더라고……. 일본에 끌려온 우리나라 사람들이었나 봐요. 그중 한 아저씨가 해방이 됐다고 했어요. 그때 알았지, 일본이 망한 줄……."

"할머니, 그 소식을 듣고 어떻게 하셨어요?"

"그 아저씨를 붙잡고 나도 좀 데려가달라고 부탁했지. 옷가지

한두 개를 보따리에 싸서 그 길로 뒤도 안 보고 따라나섰어요.”

할머니는 말을 하느라 힘이 드는지 숨을 몰아쉬었다. 그날 위안소 밖에서 만난 사람들은 강제로 끌려온 조선의 징용자들이었다. ‘대한 독립 만세’라는 우리말이 귀에 들렸을 때, 어린 덕경이 얼마나 가슴 뛰고 눈물을 글썽였을지 다 이해할 수는 없다. 그러나 그날 할머니의 심장 박동이 지금 병마와 싸우느라 거칠어진 숨소리만큼이나 격렬했을 거라는 사실은 짐작할 수 있었다. 투병으로 예민해진 할머니는 마쓰시로 위안소에서 홀로 가슴 벅찬 해방을 맞은 기억을 담담히 기록해내고 있었다.

“할머니, 지붕 위의 이 동그라미는 해예요?”

못다 핀 꽃

"일장기에 있는 붉은 동그라미예요."

"새가 입에 무엇을 물고 있네요?"

"기쁜 소식이에요. 해방되었다는 편지."

강 할머니의 그림 〈마쓰시로 위안소〉는 1945년 8월 15일 대낮의 기이한 침묵을 기록하고 있다. 고국이었다면 해방을 맞은 사람들이 만세를 외치며 거리로 쏟아져나왔을 테지만, 할머니는 패망한 일본의 마쓰시로에 있었다. 마쓰시로는 일본군이 본토에서의 마지막 항전을 위해 군사 시설을 마련하던 곳이었다. 그곳은 산으로 둘러싸인 천혜의 요새였다. 모든 일이 비밀리에 진행되었으므로, 마쓰시로 전체에 철저한 보안이 이루어졌다. 땅 밑에서는 강제로 끌려온 7,000명에 가까운 조선인들이 아무도 모르게 거대한 비밀 기지를 만들기 위해 중노동에 시달리고 있었다. 일본군은 비밀 유지를 위해 그곳에 관한 기록조차 남기지 않았다. 그러므로 강 할머니가 마쓰시로 위안소를 탈출하기 위해 정보를 빼내려고 했던 노력은 애초부터 불가능한 도전이었다. 할머니의 표현대로, 해방은 가열차게 돌아가던 일본의 허황된 야욕이 갑자기 멈춰버린 침묵으로 다가왔다.

할머니는 그 침묵의 날을 인권 유린의 장소인 마쓰시로 위안소의 풍경으로 그려냈다. 그리고 지붕 위에 걸쳐진 일장기의 붉은 원에는 어린 덕경의 모습이 도장처럼 각인되어 있다. 소녀는 일장기 안에 갇힌 일본군 성노예 여성들의 상징이 되었다. 붉은 해는 강덕경을 비롯한 수많은 사람들의 생명과 인권을 유린한 무거운 죄에 짓눌려 더 이상 떠오르지 못한다. 그곳에 갇혀 있는 덕경에게 흰 새 한 마리가 다가간다. 새는 편지를 전달하는 전서구처럼 덕경에게 해방의 소식을 전하려 한다. 그림에서 덕경은 자신이 사랑하는 새에게서 해방의 편지를 받는 것으로 표현되었다. 그토록 소원했던 자유의 소식을 받아든 덕경은 자연스레 기도하는 모습이 된다. 마당에는 화초들의 축제가 화려하다. 생명이 충만한 8월의 화려한 화초들은 회색 산으로 둘러싸인 마쓰시로 위안소의 우울한 무채색 분위기와 대비된다. 할머니는 일본군을 실체가 사라져가는 실루엣으로 표현하여 자신이 겪어낸 제국주의 전쟁의 초현실적 시대가 저물었음을 암시했다.

못다 핀 꽃

나는 할머니를 돌아보았다. 밭은 숨을 내쉴 때마다 가슴이 통째로 들썩였다. 할머니의 거친 숨처럼 위안소에서 탈출한 후에도 고통스러운 삶은 끝나지 않았다. 1945년 8월 15일 마쓰시로 위안소를 벗어나던 날, 강 할머니는 지옥에서 탈출했다고 생각했다. 그러나 한 번 비켜간 운명은 더 이상 할머니의 편이 아니었다. 해방을 맞은 열여덟 살의 덕경은 임신을 한 몸이었다. 해방되기 몇 달 전, 첫 생리의 혈흔이 조금 비치는가 싶더니 바로 임신을 했다. 하지만 덕경은 임신으로 인한 몸의 변화를 전혀 알아채지 못했다. 이후 임신 사실을 알게 된 덕경은 고국으로 돌아오는 배에서 현해탄에 뛰어내릴 결심을 하지만, 그녀의 귀국을 돕던 조선인 가족에 의해 죽음을 면했다. 열아홉에 미혼모가 되어 찾아간 고향 진주에서는 근로정신대로 떠났던 덕경이 등에 아이를 매달고 온 것을 보고 수군댔다. 덕경은 일본군 성노예로 끌려갔었다는 이야기를 차마 가족들에게 할 수 없었다. 아비를 모르는 아이를 낳아 돌아온 덕경을 고향에서 살게 할 수 없었던 어머니는 아는 이에게 부탁해 부산으로 보냈다. 아이는 성당 고아원에 맡겼다. 식당 일을 하며 입에 풀칠을 했지만, 한 번 꼬여버린 인생을 어떻게 살아내야 할지 덕경은 도통 알 수 없었다. 원수의 씨앗이고 아빠가 누군지도 모르는 아이를 미워해야 할지 사랑해야 할지조차 알 수 없었다. 덕경은 일주일에 한 번 성당 고아원을 찾아가 나무 뒤에서 아이를 가만히 지켜보는 것으로 어미의 역할을 대신했다. 아장거리며 걷는 아이는 또래보다 작고 말랐으나 제법 성장을 했다. 그러던 어느 날, 아이가 입던 옷을 다른 아이가 입고 있어서 이상하게 여긴 덕경이 수녀님을 찾아갔다. 수녀님은 아이가 폐렴으로 죽었다고만 했다. 덕경은 주검도 확인하지 못한 채 아이를 허망하게 보내야 했다. 주말마다 꼬박꼬박 찾아갔던 고아원을 더 이상 찾아가지 않게 된 그날, 4년 동안 덕경의 망막에 새겨진 아이의 뒷모습은 쓸쓸한 눈물이 되어 흘러내렸다. 그후 강덕경은 결혼도 하지 않고 홀로 떠돌며 살았다.

성노예라는 끔찍한 과거의 상처는 정신적으로도 육체적으로도 강덕경을 놓아주지 않았다. 세월이 아무리 흘러도 악몽은 덕경을 위안소라는 지옥의 언저리로 끌고 다니며 그 시절로 자꾸만 시계를 돌려놓았다. 일본군의 성폭행이 남긴 신체적 고통은 자궁내막염으로 나타나 생리 때마다 방을 데굴데굴 구르며 식은땀을 흘렸다. 마흔 조금 넘어 생리가 끊긴 후에는 자궁내막염이 조금 나아진 듯했지만, 바로 신장염에 시달렸다. 강 할머니는 자신의 표현대로 건달처럼 되는대로 시간을 흘려보냈다. 술과 담배도 위로가 되지 않았다. 육체적으로나 정신적으로나 감당할 수 없는 경계선 위에 있었다. 누구의 도움도 받을 수 없었던, 철저한 침묵 속의 고통이었다. 그렇게 할머니는 지칠 대로 지친 몸을 끌고 세상의 변두리를 떠돌며 살다가 1992년 가을 나눔의 집에 이르렀다.

그동안 고난과 역경을 온몸으로 겪어낸 할머니의 작은 몸이 흔들렸다. 독한 항암치료 때문에 얼마 남지 않은 머리칼이 모자 밑으로 삐죽 내려와 있었다. 할머니가 완성된 그림을 바라보다가 나를 불렀다.

"미술 선생?"

"네, 할머니."

"이 그림 제목을 '마쓰시로 위안소'라고 할 거예요."

할머니는 들숨과 날숨을 섞어가며 천천히 또박또박 말했다.

〈마쓰시로 위안소〉는 내가 강 할머니와 한 마지막 미술 수업이 되었다. 그것이 마지막이 될 줄은 나도 할머니도 알지 못했다. 그림이 완성된 때는 1996년 11월 중순이었고, 그달 말경 병원으로 실려간 할머니는 끝내 기운을 차리지 못했다. 강 할머니는 1997년 2월 2일 오후 3시 10분경 69세를 일기로 생을 마쳤다.

"이제 막 재미있게 살려고 하는
데……. 미술 선생, 내가 딱 2년만
더 살면 좋겠는데……."

할머니가 나에게 마지막으로 남긴
말이다. 병상에서 야윈 얼굴에 형형한
눈빛으로 그렇게 말했다. 나는 2년이
뭐냐고, 이제 화가가 되었으니 오래오
래 활동하셔야 된다고 대꾸했다. 그 말에 할머니가 쓸쓸하게 웃
었다. 일본군의 성노예로 끌려간 이후 50여 년을 지옥 속에서 외
롭게 살아온 강 할머니가 이제 막 재미있게 살려 한다고 했다. 그
토록 오랫동안 희망도 의지도 없이 쓸쓸하게 시간을 흘려보낸 할
머니가 이제서야 평범한 사람들이 꿈꾸는 보통의 삶을 살아가고
싶은 욕심이 생겼는데……. 지난 몇 년간 할머니는 지나가버린
시간을 아쉬워하듯 누구보다도 열심히 살았다. 그리고 그 결과
특별하고 눈부시게 피어났다. 강 할머니가 꿈꾸던 재미나는 삶이
손에 잡힐 듯 눈앞에 있건만, 운명은 더 이상 시간을 허락하지 않
았다. 애석하게도 할머니에게 찬란한 순간은 너무나 짧았다. 나
는 갑작스럽게 닥쳐온 이별에 강 할머니를 어떻게 보내드려야 할

지 몰라 한동안 제대로 작별도 하지 못했다. 변변한 감사의 말이나 곰살맞은 표현은 없어도 맑은 눈빛으로 서로 믿고 의지하던 세대를 뛰어넘은 우정이 아쉽게 사라져버렸다. 강 할머니는 오래도록 내 마음속에 아쉬움으로 남게 되었다.

하얀 종이 위에 떨리는 손으로 첫 연필 선을 그으며 부끄러워하던 할머니, 웃음은 자신의 것이 아니라는 양 미술 선생의 칭찬에 항상 쑥스럽게 웃던 할머니, 조그만 밥상 위에 스케치북을 펴놓고 하루 종일 그림을 그리던 할머니, 처음 성폭행당했던 장면을 떨리는 손으로 당차게 그려내던 할머니, 화가로서 전시회에 모인 사람들 앞에 서기 전 입술과 볼에 립스틱과 연지를 연하게 펴바르던 할머니…….

그림을 그린 일이 자신의 생에서 가장 재미있는 일이었다는, 할머니가 남긴 마지막 한마디가 두고두고 내 가슴을 울렸다. 나는 슬프면서도 한편으로는 위로를 받았다. 그것은 강 할머니가 미술 선생인 나에게 보낸 마지막 감사 인사이자 아쉬운 이별에 대한 따뜻한 위로의 선물이었다.

새가 된 강덕경 할머니

강덕경 할머니가 돌아가신 뒤, 할머니가 쓰던 방을 둘러보았다.
작은 방에 덩그러니 남겨진 할머니의 짐들은 소소하고 단출했다.
방 한구석에 할머니가 항상 그림을 그리던 앉은뱅이 밥상이 있
었다. 그 위에 스케치북과 길들여진 붓들, 꼬질꼬질 물때가 낀 물
통, 색연필과 물감들이 가지런히 놓여 있었다. 지난 몇 달간 하얗
게 먼지를 뒤집어쓴 채 주인을 기다리던 그 물건들이 쓸쓸해 보였
다. 밥상 옆에는 작은 캔버스가 벽에 기대어져 있었다. 캔버스를
앞으로 돌려 그림을 보았다. 할머니가 혼자 그려놓은 그림이었다.
붉은 오렌지 빛 그림. 그림은 서해 바다의 낙조가 물들인 하늘처
럼 붉은 빛깔로 물들어 있었고, 아래쪽에 1996년 11월 10일이라
는 사인이 있었다. 할머니가 돌아가시기 석 달 전쯤, 그러니까〈마

쓰시로 위안소)와 비슷한 시기에 그린 그림이었다. 나는 강 할머니가 죽음 직전까지 하고 싶었던 이야기가 무엇이었는지 궁금해, 그림을 찬찬히 들여다보며 할머니의 잔영을 뒤쫓았다.

붓을 들고 있는 강 할머니의 마지막 뒷모습이 그림 위로 천천히 오버랩되었다. 잠시 생각에 잠겨 있던 할머니가 캔버스 왼쪽에 사람의 몸을 커다랗게 그려 넣기 시작한다. 한눈에 보아도 앳된 소녀의 몸이다. 하지만 소녀의 몸은 머리와 손발이 잘려나간 몸통뿐이다. 할머니가 미술적 의도로 몸통만 있는 토르소를 그림 소재로 활용했을 리는 없다. 아마도 온몸으로 겪어낸 지옥 같은 위안소의 경험이 일본군 성노예제의 본질을 꿰뚫는 그런 표현으로 나타났다고 볼 수 있다. 소녀들의 이름이 무엇인지, 얼굴이 어떻게 생겼는지는 중요하지 않았다. 일본군이 필요로 한 것은 오로지 소녀들의 몸뚱이뿐이었다. 소녀들은 많게는 하루에 30~40명씩 일본군을 상대해야 했다. 그들은 그렇게 소녀들을 물건처럼 사용했다. 자신의 효용가치가 무엇인지 처절하게 온몸으로 겪은 강 할머니는 저항할 수 없었던 그때의 심정을 그림으로 표현해보려고 한 것 같았다. 총칼로 무장한 그들로부터 도저히 빠져나갈 길이 없었던 무기력한 마음을 머리와 손발이 없는 토르소 형태의 그림으로 표현한 것이다.

할머니는 그림을 바라보다가, 붓에 빨간색 물감을 묻혀 소녀의 아랫도리를 더듬는 붉은 손을 그린다. 할머니가 미간을 찌푸린다. 그림에 그려진 덕경의 몸은 마르고 발육이 더디다. 열여섯 살이지만 아직 생리도 시작하지 않은 몸이었다. 성적으로 남자를 상대한다는 것이 어떤 것인지 전혀 알지 못했던 덕경에게, 성폭행은 거친 손의 압력으로 시작되었다. 그들의 손은 덕경의 의지를 제압한 첫 번째 공격이었다. 버둥거리는 몸을 제압하는 포악한 손아귀의 힘에 의해 소녀는 발가벗겨졌다. 붉은 손들은 덕경의 영혼을 처참하고 끈질기게 무너뜨렸다. 수많은 붉은 손이 몸통만 남겨진 소녀의 몸을 더듬었다. 생각해보니 강 할머니는 이전에도 일본군의 폭압을 손을 그려 나타낸 적이 있었다. 첫 그림은 할머니가 일본군을 그림으로 그리는 것조차 어려워할 때 심상 표현으로 나타났다.

할머니는 〈외로움〉에 일본 군복을 닮은 황색의 커다란 손을 처음으로 그려냈다. 두 번째가 처음 성폭행당했던 언덕을 그린 〈빼앗긴 순정〉에서 자신을 건드리려는 일본군 고바야시 다테오의 손이었다. 그리고 제목이 없는 이 마지막 붉은 손 그림까지, 할머니는 자신의 몸을 더듬는 손에 의해 자신의 영혼이 처절하게 무너졌음을 계속 이야기하고 있었다.

강 할머니가 그림 하단에 옷을 걸치지 않은 채 두 무릎을 세우고 앉아 있는 작은 소녀를 그린다. 할머니는 앉아 있는 모습을 그리기가 까다로운지, 그림과 같은 자세를 취하며 몇 번 수정한다. 고개를 숙인 소녀는 고통에 사로잡힌 모습이다. 소녀는 돌로 만들어진 조각 안에 갇혀 평생 움직이지 못할 것처럼 보인다. 할머니의 붓이 소녀의 얼굴 가까이 다가간다. 하지만 어떤 표정으로도 소녀의 참담한 기분을 나타낼 수 없다는 것을 알고 있다. 할머니의 붓은 차마 소녀의 얼굴 표정을 그려 넣지 못한다. 할머니가 까만색 물감이 묻은 붓을 깨끗이 헹구었다. 그런 다음 팔레트에 주황색과 빨간색, 갈색 물감을 짰다. 붉은 오렌지 빛으로 물든 커다란 붓이 하얀 캔버스 위에서 춤추기 시작한다. 선들이 한바탕 회오리치며 캔버스 위로 몰아치더니, 할머니는 날렵한 작은 붓으로 바꿔 선홍색 물감을 묻혔다. 무당의 칼춤이 절정에 달한 순간처럼, 할머니는 토르소와 고개 숙인 소녀의 몸에 날카로운 선들을 세차게 그었다. 칼에 베인 것 같은 선연한 붉은 피가 배어나온다. 오래되어 갈색으로 흐려진 핏자국들 위로 고통의 흔적이 다시 선명하게 번진다.

처음 이 그림을 보고 해 질 녘의 아름다운 석양을 떠올린 것은 나의 오해였다. 강 할머니는 일본군 성노예제 피해자의 고통은 숨이 다하는 순간까지 단 한순간도 잊을 수 없음을 그림으로 보여주고 있었다.

한 판의 굿이 끝난 것처럼 차분해진 할머니는 마지막으로 세 개의 동그라미를 도드라지게 그렸다. 검정과 보라색으로 소녀 옆 양쪽과 그림 오른쪽 윗부분에 삼각형을 이루도록 차례로 동그라미들을 그렸다. 그림 아래쪽 동그라미 두 개의 선이 세포분열을 하듯 점점 섞이더니, 오른쪽 위부터 새의 머리로 변해갔다. 머리만 둥둥 떠 있는 새는 소녀의 몸을 더듬는 붉은 손을 쏘아보았다. 새는 불타는 분노로 눈을 이글

거리며 소녀를 해치려는 붉은 손을 단호하게 지켜보았다. 그림을 마친 강 할머니가 가쁜 숨을 내쉬었다.

"행님, 저기 좀 봐요. 파란 하늘에 새가 훨훨 날아가는 것 좀 봐요."

혜화동 시절 미술 수업 중에 강 할머니가 높고 푸른 가을 하늘을 바라보며 외쳤다. 김순덕 할머니와 나는 강 할머니의 손끝을 따라 하늘을 쳐다보았다.

"어데? 워따, 맨 앞에가 대장인갑네. 잘도 간다, 훠~이!"

기와지붕 너머로 새들이 한가로이 줄지어 날아가는 모습을 보고 두 할머니가 나눈 대화다. 미소를 띠고 하늘을 올려다보는 할머니의 눈빛이 반짝였다. 할머니는 새를 동경했다. 그림을 그리고부터인지 아니면 그전부터인지는 알 수 없지만. 그러나 하나만은 확실했다. 강 할머니가 그림을 그리면서 자신의 내면을 들여다보고, 자신이 새를 좋아한다는 것을 인식하게 되었다는 점이다. 날갯짓으로 자유로이 하늘을 나는 새는 항상 할머니의 마음을 흔들어놓았다. 아마도 강제로 자유를 박탈당한 그때부터였을 것이다. 끊을 수 없는 족쇄로부터 탈출을 꿈꾸던 할머니에게 새는 위안이 되고 꿈이 되어주었을 것이다.

못다 핀 꽃

새를 꿈꾸던 강 할머니의 마음은 하얀 종이 위에서 다시
태어났다. 할머니는 작은 새가 되기도 하고 큰 새가 되
기도 했다. 한 마리가 되기도 하고 여러 마리가 되
기도 했다. 본격적인 새 그림은 심상 표현을
한〈외로움〉에서 작은 새로 시작되었다.
작은 새는 커다란 일본군
의 손등에 앉아 손을

쪼아대기 시작했다. 가해자에 대한 마음을 처음 그림으로 표현한 할머니는 그들의 잘못에 대한 원망을 드러내는 것조차 조심스러워했다. 하지만 금방 해결될 것만 같았던 일본군 성노예제 문제가 점점 꼬여 2차 피해가 일어날 때마다, 강 할머니의 그림 속 새들은 조금 더 힘센 새가 되어 일본군을 공격했다. 그림 〈새가 되어〉에서는 배를 탄 일본군들이 분노에 가득 찬 새들의 공격을 받는다. 또 할머니는 일장기의 붉은 원에 × 표시를 하거나 화살표를 그어 그들이 자행한 인권 유린이 잘못된 일임을 표현하며 마음을 달랬다.

그러나 일본 정부는 매주 수요일 일본대사관 앞에서 그들의 잘못을 규탄하는 할머니들에게 공식적으로 사과할 생각이 전혀 없었다. 일본 정부가 '아시아여성기금'이라는 민간단체의 돈으로 할머니들의 마지막 자존심을 짓밟았을 때, 강 할머니의 분노는 작은 새들이 공격을 하거나 일장기에 × 표시를 하는 소심한 표현에 그치지 않고, 아시아태평양전쟁의 최고 책임자인 히로히토 일본 천황을 소환한 그림 〈책임자를 처벌하라〉로 터져나왔다. 그리고 할머니의 분신인 하얀 비둘기는 역사적 담판의 현장을 지켜보는 정의와 평화의 목격자가 되었다. 할머니들이 일본 정부의 공식 사과와 그에 따른 법적 배상을 받지 않고서는 근본적으로 풀릴 수 없는 문제였다. 진정한 반성은커녕 생존해 있는 할머니들이 돌아가시기만을 바라며 버티는 일본 정부의 미온적 태도에 200살까지 살아서 일본이 뉘우치는 모습을 보고야 말겠다던 강 할머니는 마지막 순간까지 분노의 새가 되어 부릅뜬 눈으로 그들의 만행을 지켜보았다.

1997년 2월, 할머니가 그림 속에 그려낸 새들이 할머니가 입원한 병원의 하늘 위를 날고 있었다. 한 줄기 빛이 하늘에서 내려오고, 날고 있던 새들은 날개를 퍼덕여 쏟아지는 빛에 부채질을 했다. 빛이 사방으로 퍼지더니, 찬란한 빛 속에서 새 한 마리가 붉은 원 안에 오랫동안 갇혀 있던 소녀에게 다가갔다. 성스러운 새가 소녀를 이끌었다. 이제 이 지옥이 끝났다고, 어서 가자고. 소녀는 자신이 오랫동안 동경하던,

투명한 천사의 날개를 가진 하얀 새가 되었다. 그리고 다른 새들
과 함께 파란 하늘로 훨훨 날아갔다.

에필로그 **늦게 핀 꽃**

    일본군 성노예라는 주홍글씨는 할머니들 개인에게는 부끄러운 과거였다. 하지만 온갖 두려움을 떨쳐내고 자신이 성노예 피해자임을 밝혔을 때 할머니들은 도도히 흘러가는 암흑의 시간에서 빠져나와 역사 위에 올라섰다. 덕분에 평생 겪던 지독한 외로움에서 벗어나 같은 고통을 겪는 동료들과 힘이 되어주는 많은 사람을 만날 수 있었다. 미술 선생인 나도 그중 한 명이었다. 그리고 할머니들은 그들과 함께 과거의 잘못을 인정하지 않는 일본 정부를 상대로 줄기차게 싸우며 계속 성장했다.

    할머니들과 만날 기회가 왔을 때, 다행히 나에게는 그림이라는 도구가 있었다. 나는 그 도구를 기꺼이 할머니들에게 빌려드렸고, 할머니들은 쉽지 않았지만 포기하지 않고 그것을 자신의 경험과

뜻을 전하는 도구로 만들었다. 지금 생각해도 신기한 일이다. 처음부터 거창한 목적이 있었다면 중도에 포기했을지도 모른다. 나는 평생 고통 속에 살아온 할머니들이 잠시라도 즐거울 수 있는 일을 찾는 것이 중요하다고 생각했다. 할머니들은 그림을 통해 점점 자신감을 얻었고, 그것이 할머니들의 삶에도 조금씩 영향을 미쳤다. 그림을 그리면서 가장 많이 변화한 것은 할머니들이 삶을 대하는 자세였다. 마음 붙일 대상이 하나라도 있으면 힘을 내서 살아갈 수 있듯이, 할머니들에게 그림은 마음을 붙인 취미이자 놀이였다. 그리고 운 좋게도 미술 수업이 거듭될수록 그림은 할머니들의 자랑거리가 되어갔다.

미술 수업을 하면서 가장 힘들었던 것은 할머니들의 상처를 그림으로 끌어내는 일이었다. 내가 어찌할 바를 모르고 혼자 고민하고 있을 때, 할머니들은 서로에게 영향을 주며 수업을 이끌었다. 첫 심상 표현에서는 이용수 할머니가 앞장을 섰고, 본격적으로 자신이 겪은 이야기를 꺼낼 때는 강덕경 할머니가 분위기를 이끌었다. 그 뒤를 이어 김순덕 할머니가 분발했고, 나중에는 이용녀 할머니까지 합세했다. 할머니들은 그렇게 선의의 경쟁자가 되어 조금씩 변화해갔다. 처음 시작이 어려웠지, 고통스러웠던 시절의 이야기를 그림으로 끌어낸 후에는 할머니들 안에 갇혀 있던 엄청난 이야기들이 쏟아져나왔다. 그 에너지가 할머니들을 밤이고 낮이고 그림에 매달리게 했다.

그것은 너무나도 아름답고 멋진 일이었다. 끔찍한 성폭행을 당한 뒤 겪어내야 했던 우울과 절망의 시간들을 그림으로 쏟아내며 스스로 치유하고 성장하는 할머니들의 모습은, 인생의 의미와 본질을 찾아 헤매던 풋내기 청춘이었던 나에게 충분한 대답과 보상 이상의 의미를 안겨주었다. 나는 내가 할 수 있는 가장 쉬운 일을 할머니들과 나눴고, 할머니들은 생의 마지막 도전의 결과를 남겼다. 그것은 세대를 뛰어넘는 훌륭한 공동 작업이었고, 미술 선생인 나를 매 순간 성장시켰다. 나는 할머니들과의 미술 수업을 통해 미술 치료를 공부하게 된 것은 물론이고, 그 밖의 무형의 것들을 많이 배웠다. 할머니들이 오랜 시간 애써 외면해온 고통스러운 상처에 맞서 용기를 내는 모습을 지켜보면서 인간의 의지와 희망과 목표가 생을 얼마나 아름답게 바꿀 수 있는지 두 눈으로 여실히 확인할 수 있었다.

할머니들은 당신들의 이야기가 담긴 그림을 그리면서 진정한 자아실현의 기회를 갖게 되었다. 할머니들의 그림은 개인적 성취를 넘어 많은 사회적 관심과 인정을 받았다. 국내는 물론 해외로 이어진 전시회 일정은 할머니들이 소화하기 벅찰 정도였다. 나는 할머니들에게 그림 지도를 하는 동시에 전시회 안내문과 엽서 제작, 그림 배송, 언론 홍보 등의 일에도 시간을 할애해야 했다. 나의 개인 작업과 전시 계획이 뒷전으로 밀려나고 할머니들을 지원하는 일이 주요 업무가 되었지만, 잠을 줄여가며 많은 일을 해냈다. 할머니들이 화가로 성장하는 것은 내가 바라 마지않던 일이었기에 신명 나게 해낼 수 있었다. 하지만 점점 혼자서는 감당하기 버거운 일들이 일어나, 그동안 할머니들과 함께해온 젊은 여성 다섯이 모여 할머니들의 그림 모임을 만들기로 했다. 모임 이름은 '못다 핀 꽃' 정신대 할머니 그림 모임으로 정했다. '못다 핀 꽃'은 김순덕 할머니의 대표작 제목이다. 모임이라는 공식적 틀을 갖추면 할머니들이 그림 작업에 조금 더 몰입할 수 있을 거라는 의도였다. 또 이 모임이 할머니들이 본격적으로 화가 활동을 하는 데 초석이 되기를 바랐다.

그러나 나눔의 집이 경기도 광주로 이사를 준비하는 과정에서 할머니들의 반대에 부딪혀 갈등이 생겼고, 그림 그리는 일 외의 잡음들 때문에 나 또한 지쳐갔다. 결정적으로 강덕경 할머니가 폐

암 투병을 하는 바람에 그림 모임을 이어가려던 의지가 꺾여버렸다. 게다가 강 할머니가 돌아가신 후 그림의 소유권 문제까지 발생했다. 강 할머니는 돌아가시면서 그림을 나눔의 집 원장 스님과 나에게 맡겼지만, 곧 강 할머니의 동생이 그림의 소유권을 주장하고 나섰다. 세상에 알려지기 전 할머니들과 순수하게 그림만 그리던 시간들이 그리워졌다. 결국 나는 예전의 삶으로 돌아갔다. 이후 김순덕 할머니를 가끔 뵐 기회가 있었지만, 2002년 내가 지방으로 이사한 후로는 통 뵙지 못했다. 그러다 2004년 뉴스를 통해 김 할머니가 돌아가셨다는 소식을 들었다. 돌아가시기 전 김 할머니가 미술 선생을 애타게 찾았다는 소식을 뒤늦게 알고 무척 마음이 아팠다.

1997년 69세의 일기로 세상을 떠난 강덕경 할머니에 이어 2004년 김순덕 할머니가 84세로, 2013년 이용녀 할머니가 88세로 돌아가셨다. 한 분씩 세상을 떠나셨다는 소식을 들을 때마다 마음이 안타깝고 쓸쓸해졌다. 나는 이미 할머니들과 떼려야 뗄 수 없는 끈으로 연결되어 있었다. 일본군 성노예제 문제에 관한 뉴스는 모두 내 귀에 걸려들었다. 비록 몸은 떨어져 있었지만 할머니들의 건강을 기원하며 이 문제가 하루빨리 해결되기를 바랐다. 할머니들과의 미술 수업은 이십대 시절 가장 순수한 열정을 쏟았던 보석 같은 일로 내 마음속 깊이 새겨져 있었다. 2015년 12월 27일 까지는 그랬다.

2015년 12월 28일, 박근혜 정부가 '한일 위안부 피해자 문제 합의'를 발표했다. 나는 텔레비전 화면에서 이용수 할머니를 비롯한 일본군 성노예제 피해자 할머니들의 분노를 보았다. 일본 정부는 여전히 공식적인 책임은 지지 않고 합의금을 주겠다며 돈으로 문제를 해결하려 했다. 김학순 할머니가 최초로 증언했을 때와 마찬가지로 법적 책임을 회피하고 문제를 얼버무리려는 입장에서 한 발짝도 물러서지 않았다. 돌아가신 할머니들이 벌떡 일어날 일이었다. 강덕경 할머니가 〈책임자를 처벌하라〉를 그린 동기가 되었던 일이 똑같이 반복되고 있었다. 노여워하던 강 할머니의 표정이 눈에 선했다. 이어서 할머니들과 함께한 모든 시간이 떠올랐다.

나는 할머니들이 평생 마음속 깊은 상처와 한을 풀지 못한 채 생을 마치는 것을 가까이에서 지켜본 사람으로서, 일본군이 저지른 집단 성폭행 사실을 철저히 부정하는 일본 정부의 몰염치한 태도에 심한 모욕감이 들었다. 그리고 할머니들이 상처와 절망을 극복하기 위해 했던 모든 노력과 생의 마지막 순간까지 그림을 그리며 말하고자 한 바를 기록하는 것이 미술 선생으로서 내가 해야 할 마지막 일이라는 것을 깨달았다.

식민지 조선의 여성으로 태어나 어린 나이에 전쟁의 최전선에서 일본군에게 말 못할 성적 피해를 당하고 고국에서 또 한 번의 전쟁을 치르며 살아남았으나 세상으로부터 완벽하게 잊힌 여성들, 외로움의 최극단 가장 낮은 곳에서 삶을 살아낸 그 여성들이 일흔의 나이에 자신의 상처를 고스란히 담아낸 그림을 통해 역사에서 활짝 피어났다. 하지만 그것만으로는 부족하다. 나는 할머니들이 자신의 아픔을 이겨내고 상처를 그림으로 그려낸 산고의 현장에 있었던 사람으로서, 하얀 도화지 위에 토해낸 할머니들의 생생한 목소리를 전하고 싶다. 삐뚤빼뚤한 선으로 일본군을 그릴 때 흔들리던 붓과 분노의 붉은 붓질을 하다가 토해내던 거친 숨결을, 하얀 새를 그릴 때의 평온한 미소와 밤을 새우며 완성한 그림 앞에서 뿌듯함에 반짝이던 눈빛까지, 절절했던 그 모든 순간들을 보여주고 싶다.

그리하여 일본군 성노예제 문제가 역사책의 한 페이지에 마침표로 끝나는 과거가 아닌, 아직 끝나지 않은 해결해야 할 우리의 문제임을 알게 되길 바란다. 할머니들의 염원이 잊히지 않도록,

우리 세대가 그 염원을 이어받아 잘못된 역사를 바로잡을 수 있도록 할머니들의 그림 이야기를 통해 미약한 힘이나마 보태고 싶다.

일본군 성노예제 문제는 전쟁과 폭력이 한 인간의 삶을 얼마나 철저히 무너뜨리는지, 얼마나 큰 절망을 안겨주는지를 잘 보여준다. 또한 한일 간의 역사 문제를 넘어 여성 인권의 차원에서 오늘을 살아가는 우리에게 큰 시사점을 던진다. 할머니들의 고통을 기억하고 연대함으로써 만연한 일상의 성폭력에 대해 다시 생각해 보는 기회가 되길 바란다.

그림을 그리며 활짝 웃던 할머니들의 소박한 미소를 기억한다. 할머니들은 작은 붓 하나로 과거를 들여다보고 상처 난 마음을 보듬으며 마침내 자신의 삶을 마주할 수 있었다. 절망 속에서도 자신의 삶을 가꾸려 한 할머니들의 모습이 상처를 안고 살아가는 이들에게 용기를 주었으면 좋겠다. '못다 핀 꽃'이 아니라 '조금 늦게 핀 꽃'일 뿐인 할머니들의 삶과 그림이 많은 이들에게 따뜻한 위로가 되길 바란다.

본문의 주

* **나눔의 집** —— 1992년 불교 조계종에서 일본군 성노예제 피해자들을 위해 마련한 생활 공동체. 이로써 처음 피해자 할머니들이 서울 마포구 서교동에 함께 모여 살게 되었다. 이후 명륜동과 혜화동을 거쳐, 현재는 경기도 광주군 퇴촌면에 자리하고 있다.

* **김학순**(1924~1997) —— 일찍 아버지를 여의고 17세에 양아버지와 함께 중국으로 돈 벌러 가다가 일본군에 붙잡혀 성노예로 끌려갔다. 1990년 6월 일본 정부가 일본군은 성노예 문제에 관여하지 않았다고 발표하자, 이에 격분해 1991년 기자회견을 통해 최초로 일본군 성노예제의 실상을 증언했다. 이후 매주 주한일본대사관 앞에서 열리는 수요시위에 빠짐없이 참가하고 일본 의회 앞에서 시위를 벌이는 등 일본 정부의 사죄와 보상을 촉구하며 일본군 성노예제 문제에 국제적 관심을 불러일으키는 데 여생을 바쳤다.

* **정대협** —— 정식 명칭은 '한국정신대문제대책협의회'로, 1990년 11월 정신대(일본군 성노예) 문제의 해결을 위해 발족했다. 1991년 8월 정신대 신고 전화를 개설해 생존자를 발굴해냈다. 일본군 성노예제 피해자들을 위한 특별법 제정과 진상 규명 등을 한국 정부에 촉구하고, 일본 정부와 국회에 진상 조사와 사죄, 배상을 요구하고 있으며, 피해자들의 생활 보호 활동에도 힘쓰고 있다.

* **거꾸로 그리기** —— 베티 에드워즈가 창안한 미술 교육 방법. '오른쪽 뇌로 그림 그리기'라고도 부른다. 우리의 두뇌 중 그림 그리기를 담당하는 오른쪽 뇌를 활성화해 데생 능력을 높이는 방법이다.

* **액션 페인팅** —— 제2차 세계대전 이후 뉴욕을 중심으로 미국 화단을 지배했던 전위적 회화운동. 순간적 행위를 통해 나타난 우연성의 효과를 새로운 미의식으로 발전시켰다. 캔버스에 직접 물감을 뿌리거나 흘리는 자유로우면서도 충동적인 표현기법을 사용

한다. 폴록, 데 쿠닝, 프랜시스와 같은 액션 페인팅 화가들은 행위를 통한 순간적 우연의 효과를 추구했으므로, 그들의 즉흥적이고 속도감 있는 표현은 단순한 색채보다는 다채로운 색채를 통해 더욱 효과적으로 발휘된다. 완성된 작품의 미적 가치보다는 작품을 제작하는 행위 자체에 가치를 둔다고 볼 수 있다.

* **정신대 회화전** —— 대한민국 국회 정신대 대책 의원 모임이 1994년 11월 28일 국회 로텐다홀에서 연 미술 전시회. 최병수, 김용림 등 10여 명의 화가들이 일본군 성노예를 주제로 그림을 그려 전시했다.

* **아시아여성기금** —— 정식 명칭은 '여성을 위한 아시아 평화 국민기금'이다. 아시아태평양전쟁 중 일본에 의해 일본군 성노예로 강제 동원되어 피해를 입은 여성들에 대한 보상사업과 현재 여성들의 명예와 존엄 등에 관련된 문제를 해결할 목적으로 설립된 일본의 재단법인으로, 1995년 7월에 발족했다. 그러나 속을 들여다보면, 일본군 성노예제 문제의 국제적·법적 책임을 교묘히 피하면서 일본 국민을 대상으로 위로금을 모금해 일본군 성노예제 문제를 도의적 책임에 한정하기 위해 설립된 재단이었다. 한국인 피해 신고자 207명 중 147명이 이와 같은 이유로 아시아여성기금의 위로금 제안을 거부했다. 1997년 아시아여성기금은 위로금을 받은 60명의 피해자들에게만 일본 총리 명의의 사죄 편지를 전달했다.

* **정신대 문제 아시아연대회의** —— 한국정신대문제대책협의회가 제안하여 1992년 8월 결성된 국제 네트워크이다. 한국·북한·중국·타이완·필리핀·인도네시아·동티모르 등 아시아 및 세계 각지의 피해자들과 피해국 및 일본의 지원 단체 등이 참여해 일본군 성노예 문제 해결을 위한 연대 활동을 펼치고 있다. 2018년 '일본군 성노예 문제 해결을 위한 아시아연대회의'으로 명칭을 변경했다.

못다 핀 꽃

– 일본군 성노예제 피해자 할머니들의 끝나지 않은 미술 수업

1판 1쇄 발행일 2018년 8월 13일
1판 6쇄 발행일 2023년 12월 4일

지은이 이경신

발행인 김학원
발행처 (주)휴머니스트출판그룹
출판등록 제313-2007-000007호(2007년 1월 5일)
주소 (03991) 서울시 마포구 동교로23길 76(연남동)
전화 02-335-4422 **팩스** 02-334-3427
저자·독자 서비스 humanist@humanistbooks.com
홈페이지 www.humanistbooks.com
유튜브 youtube.com/user/humanistma **포스트** post.naver.com/hmcv
페이스북 facebook.com/hmcv2001 **인스타그램** @humanist_insta

편집주간 황서현 **기획** 최인영 **편집** 최정수 **디자인** 유주현
용지 화인페이퍼 **인쇄** 청아디앤피 **제본** 민성사

ⓒ 이경신, 2018

ISBN 979-11-6080-147-7 03910